国家社会科学基金西部项目

"人口高质量发展背景下西部农村婚姻挤压的社会风险与治理研究"（项目批准号：24XRK004）

西北工业大学精品学术著作培育项目

"性别失衡的社会风险协同治理机制研究"（项目编号：25GH03010260）

宋瑞霞 李树茁 著

RESEARCH ON
THE COLLABORATIVE GOVERNANCE MECHANISM OF
SOCIAL RISKS OF GENDER IMBALANCE

性别失衡的
社会风险协同治理机制研究

社会科学文献出版社
SOCIAL SCIENCES ACADEMIC PRESS (CHINA)

目　录

※ 第一篇 ※

基础研究：性别失衡的社会风险及治理

第一章 当代中国性别失衡的社会风险及治理

第一节 人口高质量发展背景下性别失衡的社会风险治理需求

一 现实需求

自 2013 年党的十八届三中全会通过《中共中央关于全面深化改革若干重大问题的决定》以来，各级政府开始推进从社会管理向社会治理的重大转变。2019 年，党的十九届四中全会进一步提出"中国之治"，总体目标是到 2035 年基本实现国家治理体系和治理能力现代化。2022 年，党的二十大强调"健全共建共治共享的社会治理制度，提升社会治理效能"[1]。2024 年，党的二十届三中全会将健全社会治理体系放到推进国家安全体系和能力现代化的战略中部署。社会治理是国家治理的重要方面，与传统单向度的社会管理不同，强调必须加强与创新政府和社会的双向互动，完善"党委领导、政府负责、社会协同、公众参与"的社会治理体系，建立"人人有责、人人尽责、人人享有的社会治理共同体"。通

---

[1] 《习近平：高举中国特色社会主义伟大旗帜 为全面建设社会主义现代化国家而团结奋斗——在中国共产党第二十次全国代表大会上的报告》，求是网，2022 年 10 月 25 日，http://www.qstheory.cn/yaowen/2022-10/25/c_1129079926.htm。

3

过将治理重心下移，基层政府能够更精准、更精细地提供公共服务，从而实现政府治理与公民自治的良性互动。

中国的性别失衡是与国家人口相关的社会可持续发展面临的重要战略和民生问题（Loh and Remick，2015）。20 世纪 80 年代初，我国出生性别比开始攀升并长期在高位徘徊，从 1982 年的 108.5 上升到 1990 年的 111.3，2000 年上升至 116.9，2004 年达到 121.2 的峰值。中国的出生性别比偏高引起政府的高度关注，从 1986 年开始，各级政府采取了多种举措对出生性别比进行综合干预及治理。2000 年，安徽省建立"巢湖改善女孩生活环境实验区"，2005 年，发展为"关爱女孩行动"国家战略平台。2016 年，出生性别比正常化被纳入《国家人口发展规划（2016—2030 年）》，成为一项国家层面的重大发展战略。2021 年，国务院办公厅制定了《中国反对拐卖人口行动计划（2021—2030 年）》，强调继续大力开展出生性别比偏高综合治理工作，提出"构建多部门协同、社会广泛参与的群防群治工作体系"是重点和方向。① 中国的性别失衡治理得到全面推进，在降低出生性别比方面取得了显著成效。自 2009 年起，中国的出生性别比已经实现"十连降"，从 2009 年的 119.45 下降至2019 年的 110.14。根据第七次全国人口普查数据，2020 年出生性别比为111.3，较 2010 年下降 6.8，并逐渐接近正常水平。根据联合国人口司发布的《世界人口展望 2019》（World Population Prospects 2019，WPP 2019），中国的出生性别比预计将在 2035 年前后下降至 107。

然而，性别结构失衡的态势并未因出生性别比的下降而消失，其潜在人口后果与社会风险正处于暴露和显现阶段，个人、家庭均面临性别失衡的冲击（李树茁、孟阳，2018）。长期累积的性别失衡等人口问题与社会利益的高度分化相交织，加剧了社会的脆弱性及系统性风险（刘慧君、李树茁，2010a）。《中国统计年鉴 2021》数据显示，2020 年，我国总人口性别比为 104.80，农村人口性别比为 107.91，31 个省（区、市）乡村总人口性别比均大于 100，说明农村地区全部呈现性别结构失

---

① 《国务院办公厅关于印发中国反对拐卖人口行动计划（2021—2030 年）的通知》，中国政府网，2021 年 4 月 28 日，https://www.gov.cn/zhengce/zhengceku/2021-04/28/content_5603574.htm。

衡态势。根据第七次全国人口普查数据，2020 年我国男性人口比女性人口多出 3490 万人，20~40 岁适婚男性比女性多出 1752 万人。中国正面临低生育率和人口红利消退并存、性别结构失衡和人口老龄化程度加深并重的人口新常态。根据第七次全国人口普查数据，2020 年中国育龄妇女的总和生育率为 1.3，已经跌破 1.5 的低生育率陷阱警戒线，处于超低生育水平。在低生育率的现实情境下，人口的主要矛盾由数量压力转为结构挑战。由于人口累积效应、人群扩散效应、性别失衡后果及其社会风险积聚效应，未来中国将是一个低生育、少子化、老龄化与性别失衡等多样人口特征长期交织的社会。

经过 40 余年的累积，性别失衡逐渐演变成一种社会问题，表现为女性人口相对减少、男性人口过剩和相关的社会问题。在中国式现代化新征程中，人口始终是基础性、全局性和战略性因素。性别失衡作为基础的人口风险，对国家的经济发展、公共健康和社会安全等会产生不利影响，严重制约了"素质优良、总量充裕、结构优化、分布合理"的人口高质量发展。另外，中国是世界上出生性别比偏高问题持续时间最长、地域范围最广、严重程度最高的国家，中国性别结构失衡所引发的问题正在引起国际社会的高度关注。《2019 年世界人权报告》明确提出对女性缺失问题的关注，除了人口拐卖，女性缺失也与其他针对女性的暴力有关，同时明确提出在性别失衡社会所有人都是输家，强调关注性别失衡所带来的有害后果和潜在风险。[①]

中国的性别结构失衡问题日益突出，需要高度重视其后果与风险。性别失衡的社会风险具有不确定性、复杂性、联动性、自反性和公共性，加上个体及家庭在社会经济条件、资源禀赋和应对能力等方面存在差异，导致风险分配的不公平性明显，且风险引发的利益冲突呈现多元化的特点，对性别失衡治理提出了新的要求和挑战。性别失衡的社会风险治理显然已经无法通过风险衍生系统的自适应来化解，传统的人口政策以及治理理念和路径也呈现疲态（胡湛、彭希哲，2021）。性别失衡治理需

---

① "You should be worrying about the woman", Human Trafficking Search, Shortagehttps://human-traffickingsearch.org/resource/you-should-be-worrying-about-the-woman-shortage/.

要由针对性别比及成因的治理转向针对风险及后果的治理，应加强相关研究，及早采取有效对策，以系统化治理性别失衡的社会风险，从而促进人口高质量发展。另外，由于中国庞大的人口规模，其他国家治理的经验无法适用于我国，只能依靠自己的力量开展治理创新。

二 理论需求

目前，中国正处于发展的重要战略机遇期，同时也是快速的社会转型期，面临多重风险相互交织叠加的挑战与考验。对于政府而言，要依法行使公共行政权力、管理公共事务，然而政府的单方面决策充满风险，即存在"政府失效"的可能。为有效应对社会风险，需要突破以政府为单一主体的治理维度和模式，通过构建以政府为主导的复合治理结构，发挥多元主体参与社会治理的优势。多元主体协同共治能够增强政府的风险抵御能力，并提高公众的风险应对能力（邓少君，2016）。因此，风险社会作为一种新的社会形态，加剧了风险的公共性及外部性，推动风险管理走向协同治理。

协同治理兴起于西方，是用来处理复杂公共事务的独特制度形式（蔡岚，2015）。中国情境下的协同治理以社会自治为基础，是公共治理理论不断发展和演进的产物，是"善治"3.0版本（燕继荣，2013）。协同治理是在一定的系统情境下，多元主体共同参与，形成协同合力，从而实现治理目标的过程。作为一种新的治理范式，协同治理强调民主真实性、更好的公共理性以及政策合法性，重视资源配置及利益协调，追求治理效能最大化。在处理社会公共事务中，协同治理能够实现"整体大于部分之和"的功效，因而成为公共治理特别是风险治理的理想模式。社会风险的协同治理是政府和社会构成一个资源和信息共享的组织系统，通过协同合作，实现公共利益最大化的过程。

在性别失衡领域，虽然经过40余年的综合治理，我国人口出生性别比已逐渐下降至接近正常水平，但传统治理理念下的性别失衡治理工作，主要依托"关爱女孩行动"国家战略平台，由人口和计生部门开展，呈现碎片化特征。传统治理理念下的性别失衡治理工作的首要表现就是治理主体单一，政府长期处于主导地位，而社会公众的角色相对弱化，其主动性和积极性一直被忽视，导致治理政策和干预措施与生育主体结合不够紧密。随着中国进入转型期风险社会，人口风险与其他社会风险相互交织，加剧了人群及社会的脆弱性。性别失衡治理进入"瓶颈期"，出生性别比下降幅度变小、速度放缓且难度加大，同时面临性别失衡后果与风险的全面显现。在性别失衡后果与风险凸显、累积和扩散的现实情境中，性别失衡成为嵌入社会运行系统中一种不可避免的风险。性别失衡将诱发利益受损群体及弱势群体的社会失范行为，刺激并放大社会风险，从而影响社会稳定、公共安全以及人口和社会的可持续发展。

性别失衡的社会风险是目前我国与人口相关的影响社会可持续发展的亟须解决的重大问题。然而，政府治理无法适应现代社会风险的灵活性及复杂性，某些治理和干预措施的效果在风险社会的现实情境中并不明显，需要通过流程再造和机制变革实现治理的有效性，提高治理的效率。因此，为及时、有效地应对性别失衡的社会风险并防止其进一步加剧，亟须对性别失衡的社会风险治理进行重新思考和深入探讨，以建立一套既符合利益多元化特点又能应对风险叠变性的治理新理念和新机制。

第二节　概念界定

一　性别失衡

性别失衡是人口结构性问题的重要表现之一，本质上反映的是性别不平等导致的问题，数量上表现为出生人口性别比、0~4 岁儿童性别比、婚龄人口性别比以及总人口性别比偏离正常水平。国际上一般以每 100 名活产女婴相对应的活产男婴数量来测量出生性别比，正常范围为 103~107。正常的 0~4 岁儿童性别比应该低于正常的出生性别比。婚龄人口性别比是适婚年龄（20~39 岁）的女性人口所对应的男性人口数量，正常来讲男女数量应大体相当。总人口性别比是女性人口为 100，男性对女性的比例，由于男性在整个生命周期中的死亡率高于女性，因此，正常值应基本等于或低于 100。一旦上述性别比偏离阈值范围，就可被认定为性别失衡。

　　根据历次全国人口普查及统计年鉴数据，上述人口特征的变动趋势如图 1-1 至图 1-4 所示。中国的出生人口性别比从 20 世纪 80 年代初开始攀升，在过去 40 余年中呈持续波动升高，自 2009 年开始逐年稳步下降的总体态势，但 2020 年出现反弹，从 2019 年的 110.14 上升至 111.3，仍然高于 107 的正常水平。0~4 岁儿童性别比同样从 20 世纪 80 年代开始上升，并持续偏高。对于婚龄人口性别比，与 2010 年相比，2020 年显著上升，20~29 岁年龄段的性别比升高了 10.15 个比点，20~24 岁、25~29 岁这两个适婚年龄段的性别比均超过 110。中国的总人口性别比也长期偏高，且降幅十分缓慢，近 10 年一直处于高位，2020 年同样出现反弹，从 2019 年的 104.45 上升至 105.09。

图 1-1　1980~2020 年全国出生人口性别比

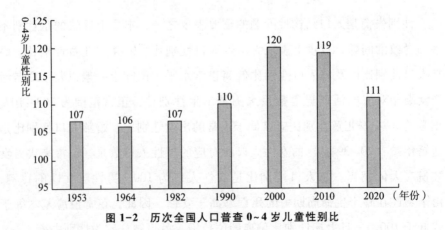

图 1-2　历次全国人口普查 0~4 岁儿童性别比

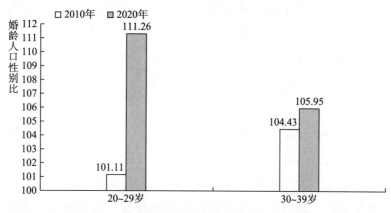

图 1-3　2010 年和 2020 年全国婚龄人口性别比

图 1-4　1980~2020 年全国总人口性别比

二　性别失衡的社会风险

　　风险最初表现为自然灾害带来的客观危险，之后延伸至经济领域，指遭受损失的概率或可能性，后又提升至社会领域，被界定为系统地应对和处理现代化本身诱致的灾难和不安全感的方法。现代风险是现代化进程中"被人为制造出来的风险"，具有"社会内生性"。在此过程中，风险定义可以分为两类：一类是将风险视为客观存在的物质特性，从损失的可能性来理解风险；另一类是把风险看作一种主观建构，从认知视角来判断风险。随着研究的进一步深入，学者们将两类定义进行整合，形成风险的双重理论，该理论认为风险是客观存在与主观建构的结合体

（杨雪冬，2004）。基于此，风险被界定为个人或群体遭受损失的可能性以及对这种可能性的主观认知。

社会风险是风险的社会层面后果，涉及人数多，波及范围广。一般而言，社会风险被界定为一种导致社会冲突、危害社会秩序和稳定的不确定性，具有引发社会危机的可能性（林兴发，2008）。转型期中国的社会风险是指社会体制和社会结构变革对社会发展产生的冲击，表现为历时态的社会风险共时性地存在，即"风险共生"（童星，2012）。借鉴社会风险的定义，关于性别失衡的社会风险，有学者将其界定为"由性别结构失衡刺激、加剧或放大的社会矛盾和冲突，从而加剧社会稳定的不确定性"（靳小怡、刘利鸽，2009），但该定义只关注性别结构失衡的宏观后果，缺乏与微观层面的联系。

本书认为性别失衡的社会风险从根本上讲，是由微观个体性别偏好和性别选择行为所引发的人口性别结构失衡作为风险源或基础风险，通过特定途径扩散至社会、经济、健康和文化等领域，导致的一系列频发的"非稳定状态"，在客观上表现为性别失衡的脆弱性，在主观上表现为性别失衡的风险感知。

三 性别失衡的社会风险协同治理

关于"社会风险协同治理"的概念，目前尚未有明确界定，但已有学者提出灾害应急协同治理、公共危机协同治理等相近概念。灾害应急协同治理在宏观上是指运用协同学和治理理论，对不适应协同救灾的体制进行改革，使集体效能最大化的社会管理过程（张海波，2020）；在微观上则是指政府与社会在信任的基础上，建立社会协调网络，以促使社会参与灾害管理（马晓东，2021）。公共危机协同治理是在网络和信息技术等现代科技手段的支持下，政府、企业、非政府组织和社会公众等多元主体通过自觉地组织活动，针对潜在的和显现的危机，采取行动把各种无规则、无秩序的要素在一个共同目标和规范下有机地组合起来，使各要素达到相互协同的自组织状态，从而能够有效地预防和消除公共危机，实现公共利益最大化（张立荣、冷向明，2008）。上述定义共同的底层逻辑是多主体协同及全过程均衡，强调治理系统的自组织性、有序性、动态性以及非线性。

现有研究对性别失衡治理的概念界定已经达成基本共识，性别失衡治理在学术层面是指运用治理理论来指导、设计和评价性别失衡治理的目标理念、结构工具和机制效果（李树茁、宋瑞霞，2022）。然而，目前关于性别失衡的社会风险治理的研究仍处于起步阶段，性别失衡的社会风险治理的定义和内涵尚不清晰。有学者总结出如下两种性别失衡的社会风险治理路径。一是针对性别失衡的社会风险本身的治理，包括根源性消除和缓解性治理两种措施，根源性消除归根结底是对人口性别结构失衡的治理，如促进性别平等主流化、降低出生性别比。缓解性治理则主要关注性别失衡下各类既成的及潜在的风险，如大龄未婚男性等弱势群体权益保护等。二是从阻断性别失衡的社会风险放大途径的角度，探索避免性别失衡引发的社会负面影响进一步扩大为公共危机的对策。基于治理路径分析，有学者将性别失衡的社会风险治理界定为：围绕风险催化、信息传导、公众反应和后果规模化四级放大途径而开展的综合治理活动（刘慧君、李树茁，2010b）。

在多种风险相互交织、叠加的高风险社会，风险的空间扩张性和时间延展性使得相较于针对性别失衡的社会风险本身的事后补救型治理，阻断性别失衡的社会风险放大成为治理的关键。根据风险的社会放大理论（theory for the social amplification of risk），风险事件爆发后，政府应对、信息强化以及公众反应是三个风险放大环节。因此，本书借鉴上述灾害应急协同治理与公共危机协同治理的定义，结合性别失衡的社会风险治理实践，将性别失衡的社会风险协同治理界定为在性别失衡的社会风险爆发后，为及时、有效地应对性别失衡的社会风险并阻断其进一步放大，建立以政府为主导，公众为主体的整体联动系统，通过强化信息共享、政策披露和平等协商，增进相互理解与信任，以实现人口性别结构平衡的动态过程中所采用的诸多方式的总和。

四 性别失衡的社会风险协同治理机制

机制原指机械的构造及运行原理，治理机制是治理系统要素之间相互作用、相互联系并且相互制约的过程和方式。协同治理机制就是影响治理运作过程的构成要件及工作原理。根据治理要素理论，协同治理机制就是多元治理主体为有效治理社会问题，实现治理资源共享，不断提高治理效能而进行的制度性设计，以使各要素协调运行，从而发挥最优绩效的一种稳定的运作模式。协同治理机制被视为打开协同治理研究"黑箱"的钥匙（闫亭豫，2015）。在当代中国的语境下，协同治理机制被定义为为实现充满活力且和谐有序的治理目标，由于政府治理能力较强而社会发育程度较低，政府作为主导，通过建立健全制度化的沟通渠道和参与平台，提供社会支持，发挥社会在公民自治、参与服务和协同管理等方面的主体作用，最终形成政府主导、公众参与、共建共享的社会治理新格局（郁建兴、任泽涛，2012）。

公共危机风险治理机制是指在公共危机治理过程中，不同主体之间为应对风险而采取的行为方式以及互动逻辑，在形式上表现为在整个风险治理系统中，对各主体之间互动方式及过程所进行的制度安排（聂挺，2014）。结合协同治理理论，本书将社会风险协同治理机制定义为整个社会风险治理系统的运行机理，在形式上是一个由治理主体、治理层级及治理过程三维协同构成的立体空间体系；在内容上体现为多元主体基于系统化的风险评估、风险信息的共享与沟通，通过合作互补共同应对社会风险，在风险治理全周期中形成持续性、动态化治理过程的制度安排。因此，社会风险协同治理机制的构建，不仅仅是静态的、合作关系的构建，更是从政府管制的公共管理向多向度的政府和社会协同治理、上下联动模式的转变，具有动态性和非线性。

本书借鉴上述社会风险协同治理机制的定义，将性别失衡的社会风险协同治理机制界定为在我国高风险社会的现实情境中，为从根源上应对性别失衡的社会风险并有效阻断其放大，政府通过发挥主导作用，构建信息共享渠道，加强对公众参与的支持和培育，保护并尊重公众的主体地位，形成政府主导、公众参与、共建共享的社会治理新格局，以实现人口性别结构平衡为治理目标的运行机制。

第三节 研究设计

根据对现实背景和理论背景的分析，本书以适应性协同风险管理框架与协同治理综合框架为理论基础，构建出中国社会转型期社会风险协同治理的概念模型，并将其应用于性别失衡的社会风险治理研究，提出性别失衡的社会风险协同治理机制分析框架，并进行实证检验。本书的整体研究框架如图1-5所示。

首先，从现实背景及理论背景出发提出研究问题，围绕性别失衡的社会风险协同治理机制这一研究主题，对性别失衡的社会风险研究、性别失衡的社会风险治理研究、风险社会理论、社会风险管理理论以及协同治理理论等已有研究进行回顾与评述，通过总结现有研究的不足，为本书找出研究空间与可以作为支撑的理论基础。

其次，对在社会风险治理中引入协同治理理论的必要性进行分析，将适应性协同风险管理框架与协同治理综合框架进行理论耦合，并基于中国社会转型的现实情境分析，识别出框架的核心要素、关键环节和运行逻辑，构建具有普适性的社会风险协同治理概念模型。之后，将该模型应用于性别失衡的社会风险治理领域，修正提出性别失衡的社会风险协同治理机制分析框架，形成相关理论预设以及具体验证策略。

再次，对性别失衡的社会风险协同治理机制分析框架进行实证检验。第一，从脆弱性视角对性别失衡的社会风险展开实证评估，准确识别中观社区尺度性别失衡的社会风险水平，并对不同风险水平下协同治理机制的核心要素差异进行比较分析。第二，运用结构方程模型，对性别失衡的社会风险沟通的运行机制进行实证检验，并对不同风险水平下的路径差异进行比较分析。第三，运用结构方程模型，对性别失衡的社会风险应对的效果机制进行系统评估，并对不同风险水平下的路径差异进行

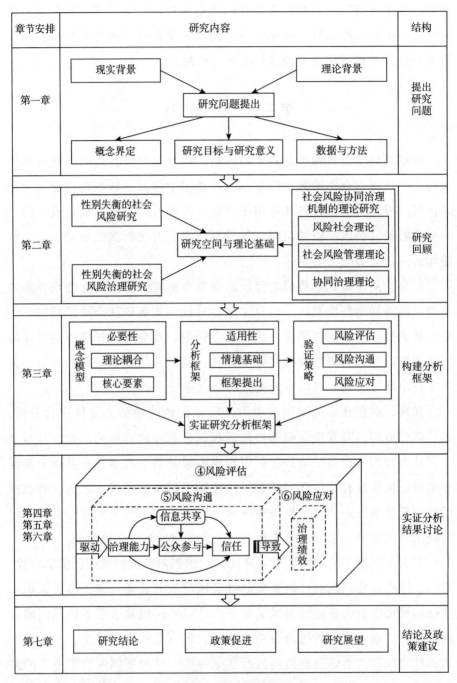

图 1-5　研究内容框架

比较分析。

最后，对理论和实证研究结果进行归纳总结，形成关于性别失衡的社会风险协同治理机制的主要结论，提出本书可能的创新之处。在此基础上，对性别失衡的社会风险协同治理展开顶层设计并制定实施策略，指出研究存在的局限并对未来进行展望。

第四节　数据与方法

一　数据来源

本书数据来自国家卫生健康委与西安交通大学人口与发展研究所2018年8月在湖北省开展的"性别失衡治理与家庭发展"专项调查，调查对象为县区城乡居民。样本选择采用PPS抽样方法（分层抽样与按规模成比例抽样相结合的多阶段抽样方法）。第一阶段，根据人口规模选择县区，总共有103个县被纳入抽样框。考虑到各县之间的人口数量、地理条件和社会转型过程的差异，将县区分为100万人以上人口县区及100万人以下人口县区两类。在100万人以上人口县区随机抽取黄梅县（2017年总人口为100.73万人），100万人以下人口县区随机抽取嘉鱼县（2017年总人口为45万人）。第二阶段，将两个县的所有乡镇均纳入抽样框。黄梅县农业人口较多，在16个乡镇里随机抽取12个农业乡镇，每个乡镇随机抽取1个村；嘉鱼县农业人口较少，在8个乡镇里随机抽取1个农业乡镇和2个城镇化乡镇，在农业乡镇随机抽取2个村，在2个城镇化乡镇各抽取3个社区。第三阶段，在黄梅县和嘉鱼县，每个村/社区随机抽样25户家庭样本（2人/户），每个家庭户2人中一人回答家庭卷和个人卷，另一人仅回答个人卷。在实际调查中，有一些家庭是2个及以上的人参与调查，还有一些家庭仅有一人参与调查。最终，共获得村/社区样本20个，居民个人样本1032个，居民个人样本基本特征如表1-1所示。

表 1-1 居民个人样本基本特征 （n = 1032）

		数量/均值	占比/标准差
年龄（岁）		40.38	9.29
性别	男	476 人	46.12%
	女	556 人	53.88%
婚姻状态	未婚	90 人	8.72%
	已婚	942 人	91.28%
受教育程度（年）		9.38	3.17
年收入（元）		25015	32560

湖北省位于中国中部，长江中游地区，共辖 13 个地级行政区。地貌类型多样，山地、丘陵和平原兼备，其中，山地占总面积的 56%。历次全国人口普查数据显示，湖北省出生性别比自 20 世纪 80 年代开始偏高，2000 年达到 128.02 的峰值，2010 年下降至 123.94。2015 年 1% 人口抽样调查结果显示，出生性别比已下降至 114.6，但仍高于正常水平。根据第七次全国人口普查数据，2020 年湖北省常住人口为 5775 万人，常住人口性别比为 105.83。17 个市州中，性别比在 105 以下的有 7 个，105～110 的有 8 个，110 以上的有 2 个，性别失衡问题突出并且整体态势和结构与全国情况基本一致。湖北省的相关人口和经济指标均处于我国的中等水平，因而具有良好的样本代表性，对其性别失衡的社会风险问题的研究与探讨，有利于形成对全国相关问题的科学认识。

黄梅县隶属湖北省黄冈市，2015 年，全县地区生产总值为 174.87 亿元，户籍人口 1003928 人，其中男性 533068 人，女性 470860 人，出生性别比为 122。嘉鱼县是湖北省咸宁市下辖县，是国家首批对外开放地区和长江经济带重要开发区。2015 年，全县地区生产总值为 201.06 亿元，户籍人口 370012 人，其中男性 193344 人，女性 176668 人，出生性别比为 119.4。总的来说，嘉鱼县和黄梅县的出生性别比在湖北省乃至全国均处于前列，相应的性别失衡后果与风险问题突出，并且这两个样本县在一定程度上能够体现城乡二元结构差异。其中，嘉鱼县经济发展和城镇化水平高于黄梅县,二者存在明显差异。

黄梅县自 2016 年成为中国/联合国人口基金第八周期"应对性别选择和治理出生人口性别失衡"项目试点县以来,坚持多元主体参与,以社区和家庭为载体,逐渐形成一套政府主导、各方协作、公众参与、上下联动的性别失衡治理模式。黄梅县成立了由县政府县长任组长,分管卫生计生领导任副组长,28 个职能部门和 16 个乡镇主职为成员的项目工作领导小组,分工负责,将性别视角纳入政府工作和社会发展宏观决策过程。卫生计生部门在打击"两非"的基础上,探索新的治理手段来深化出生性别比失衡的综合治理。党校在干部培训中加入出生性别比与性别平等内容,在教育、民政、社保、公安、财政等多个部门工作中纳入性别视角,出台有性别敏感性的政策。县民政局联合卫生计生部门先后对 180 个村(社区)进行了村规民约修订,县教育局将性别平等内容纳入中小学课外课堂讲授内容,并对 7 所改扩建的中小学男女厕所蹲位比例进行调整。县农办、工商局、人社局、农商行等部门陆续出台了女性就业创业优惠政策,县妇联加大了女性维权和评先评优的力度。积极邀请当地诗词学会、蓝莓公司和黄梅商会等参与女性就业及权利倡导工作。2018 年,项目结束时,黄梅县出生性别比下降至 113.57,嘉鱼县下降至 114 左右,治理成效显现。

二 研究方法

本书运用公共管理学、人口学、社会学以及统计学等多学科交叉的视角与方法,旨在对性别失衡的社会风险协同治理机制进行全面而系统的研究。具体而言,本书以定量研究为主,同时辅之以定性研究。第二章,采用文献分析法,以性别失衡的社会风险协同治理这一现实问题为出发点,对现有文献中与此相关的理论研究和实证研究进行总结和梳理,找到本书的研究基础与理论缺口。第三章,运用理论推理法,对研究问题进行结构化思考,寻找适合本书的概念模型。通过归纳和演绎,结合现实情境,对概念模型进行完善和应用,构建出性别失衡的社会风险协同治理机制分析框架。第四章、第五章和第六章,运用统计学方法,对调查数据进行实证分析，检验性别失衡的社会风险协同治理机制是否得到数据支持，并对不同风险水平下的路径差异进行深入比较分析。第七章，运用政策分析法，对我国性别失衡的社会风险协同治理提出政策建议。

在具体实证分析中，本书使用问卷调查数据，通过社区数据和个人数据，对性别失衡的社会风险协同治理机制进行检验。在统计方法上，首先，采用熵值法赋权并使用综合指数评价法测算社区性别失衡的脆弱性指数，利用 K-means 聚类分析法界定性别失衡的社会风险类型；其次，采用描述性统计分析、相关分析、信度和效度检验，对性别失衡的社会风险协同治理机制中的核心要素进行量化研究；最后，运用结构方程模型（Structural Equation Model，SEM）以及多群组结构方程模型（Multi-Group SEM），对性别失衡的社会风险协同治理机制进行因果关系检验以及路径差异比较。

在结构方程模型中存在潜变量、观测变量和误差变量三种类型，潜变量（latent variable）是不能直接测量的变量，需要通过观测变量（observed variable）进行测量，而误差变量（unique variable）是在实验中存在而观测变量中不可测量的变量。此外，根据变量在模型中的关系，还可划分为外生变量和内生变量，外生变量（exogenous variable）在模型中不受任何变量的影响，而内生变量（endogenous variable）是影响自身的因素在模型之内。结构方程模型是基于变量的协方差矩阵分析和处理复杂的多变量数据的方法，能够同时考虑测量模型和结构模型，并对多种关系进行同时估计，在统计上可对整个模型的拟合情况进行推断，从而可以更好地解释多变量之间的关系。结构方程模型包含测量模型（measurement equation）和结构模型（structural equation）两部分，所以矩阵表达式由测量方程和结构方程两部分组成：

测量方程：

$$\chi = \Lambda_x \xi + \delta \tag{1-1}$$

$$y = \Lambda_y \eta + \varepsilon \tag{1-2}$$

结构方程：

$$\eta = B\eta + \Gamma\xi + \zeta \tag{1-3}$$

式（1-1）和式（1-2）为测量方程，反映的是观测变量与潜变量之间的关系。χ 为外生观测变量组成的向量，ξ 为外生潜变量组成的向量，Λ_x 是 χ 在 ξ 上的因子载荷矩阵，δ 为外生观测变量与外生潜变量相关联的测量误差组成的向量。y 为内生观测变量组成的向量，η 为内生潜变量组成的向量，Λ_y 是 y 在 η 上的因子载荷矩阵，ε 为内生观测变量与内生潜变量相关联的测量误差组成的向量。式（1-3）为结构方程，反映的是潜变量之间的因果关系。B 为内生潜变量 η 间的系数矩阵，Γ 是外生潜变量对内生潜变量的影响系数矩阵，ζ 为回归残差向量。

本书的测量工具多为李克特 5 级计分量表，虽然有研究认为当类别变量达到 5 个及以上时采用极大似然估计也可以得到精确的结果，但这种形式的数据在本质上还是分类变量。此外，信息共享的观测变量均为二分类变量，公民自治的量表采用 4 级计分。为提高模型估计的科学性及准确性，本书采用为处理类别数据而设计的均数方差调整加权最小二乘法（Mean and Variance-Adjusted WLS，WLSMV）进行评估分析。

结构方程模型拟合指数的临界值一般是研究者经过模拟研究或经验给出的，并没有达成一致。本书将抱着审慎的态度，综合多个拟合指数加以判断。在经过 WLSMV 分析之后，Mplus 软件汇报的拟合指数和判定标准如下。（1）卡方适配统计量（χ^2），当其越小且不显著时，表示假设模型与观测数据拟合程度越高，但其对样本量非常敏感，倾向于随着样本量的增加而增大，当样本量大于 1000 时，不推荐使用卡方统计量作为模型拟合的评判准则。（2）比较拟合指数（Comparative Fit Index，CFI），一般取值为 0~1，当大于 0.8 时，表示模型可接受；当大于 0.9 时，表示模型拟合效果非常好。（3）非规范拟合指数（Tucker-Lewis index，TLI），与 CFI 一样，当大于 0.8 时，表示模型可接受；当大于 0.9 时，表示模型拟合效果非常好。（4）近似误差均方根（Root Mean Square

Error of Approximation，RMSEA），小于 0.01 表示拟合非常好，小于 0.05 表示拟合较好，小于 0.1 表示拟合可以接受。（5）加权误差均方根（WRMR），当小于等于 1.0 时，表示模型拟合可以接受，当小于 0.08 时，表示拟合非常好，但在其他拟合指数良好的情况下，可以不考虑 WRMR 的情况。

本书的主要分析软件为 Stata 14.0、SPSS 22.0 和 Mplus 7.0。

第二章　文献综述

本章首先从性别失衡的人口后果与性别失衡的社会风险两个维度对性别失衡的社会风险研究进行系统梳理。其次对性别失衡的社会风险治理研究进行回顾，包括性别失衡的社会风险治理思路、治理理论和治理机制三个方面。最后对社会风险协同治理机制的相关理论进行总结，包括风险社会理论、社会风险管理理论和协同治理理论。本章对每部分的文献进行系统评述，分析研究空间与不足，为构建分析框架并开展实证分析提供理论基础。

第一节　性别失衡的社会风险研究

一　性别失衡的人口后果

20世纪80年代初，中国的出生性别比开始长期大范围偏高，导致性别结构严重失衡。性别失衡的人口后果是指性别失衡下人口数量和结构的结果，表现在女性缺失、人口数量和规模缩减、人口老龄化程度加深、劳动适龄人口减少以及婚姻市场男性过剩等诸多方面（李树茁等，2014）。出生性别比偏高会通过生育及死亡两个渠道影响人口规模，由于相较于男婴，女婴在健康方面具有生物学优势，正常婴儿死亡性别模式为男婴死亡率高于女婴。婴儿的0岁死亡率性别比一般为1.2~1.3，1~4岁死亡率性别比为1.0~1.2（李树茁，1996），当该比例低于1.0时，则可认定为婴儿死亡率性别比失衡。1981年，我国的婴儿死亡率性别比为 1.06，1990 年下降至 0.97，2000 年更是下降至 0.71，2010 年回升至 0.95，但仍低于正常值，呈现女婴死亡率高于男婴的非正常状态。因此，性别失衡从本质上是性别不平等导致的问题。

性别失衡最直接的人口后果是女性缺失（missing women/missing females），包括产前、产后性别选择产生的实际失踪和瞒报、漏报导致的名义失踪（李树茁等，2006a）。Coale 和 Banister（1994）认为从 20 世纪 30 年代后期到 90 年代，中国所有的出生队列都出现了明显的女性缺失，在 20 世纪 80 年代早期，失踪女孩的比例达到 3%。2000 年全国人口普查数据中有 4090 万失踪女性，占预期女性人口数量的 6.7%。Cai 和 Lavely（2003）根据第五次全国人口普查数据，估计出 1980~2000 年出生队列在 2000 年普查时的失踪女性数量约为 1200 万人，保守一点的估计也达到 920 万人，并且女性缺失现象在未来一段时间仍将持续存在。Jiang 等（2012）估计在 1900~2000 年出生队列中，中国失踪女性总数为 3559 万人。Datt 等（2022）对 1950~2020 年中国失踪女性的数量进行估计，发现在这 70 年间，中国每年大约有 130 万失踪女性，70 年累计有 8900 万人，平均而言，出生时失踪的女孩占失踪女性的 1/3 左右。

女性是社会再生产的主体，女婴数量缺失将逐渐体现为育龄妇女人口的缺失，从而降低人口生育潜力，导致当期和未来新生人口数量减少。一方面，会进一步引起总人口规模下降。如果出生性别比保持在 2000 年的水平，2100 年中国的人口总量将减少 13.6%（Cai and Lavely，2003）。另一方面，会导致劳动人口数量萎缩并加速人口老龄化。第七次全国人口普查数据显示，2020 年我国 16~59 岁劳动年龄人口相较于 2010 年减少了 4000 多万人。劳动人口占总人口比例下降，导致人口抚养比上升，2020 年我国人口抚养比为 45.9%，进而加速了人口老龄化。[①] 根据国家统计局公布的数据，我国的老龄化比例（60 岁及以上老年人口占总人口的比例）逐年上升，从 2009 年的 12.5% 增长至 2020 年的 18.7%，其中

---

① 《我国人口发展呈现新特点与新趋势》，国家统计局网站，2021 年 5 月 13 日，https://www.stats.gov.cn/xxgk/jd/sjjd2020/202105/t20210513_1817408.html。

65 岁及以上人口占总人口的 13.5%，① 老龄化程度已经高于世界平均水平。张震和马茜（2022）通过人口模拟预测发现在消除生育率上升的影响后，出生性别比偏高使得老龄人口占比到 21 世纪末提高了 4 个百分点。

女性缺失同时意味着男性过剩，2019 年末，我国男性人口数量比女性人口多 3049 万人，总人口性别比为 104.45②，到 2020 年，男性人口比女性人口多出 3490 万人③。在婚姻市场中，由于女性绝对数量缺失而无法成婚的男性，成为婚姻挤压的对象。2000 年第五次全国人口普查数据显示，50 岁以上的男性中，共有 450 万人从未结过婚；2010 年第六次全国人口普查数据显示，50 岁以上未婚男性为 540 万人（李树苗，2013）；到 2015 年，50 岁以上未婚男性数量达到 826.5 万人。由于 50 岁后成婚概率很低，因此 50 岁之前未能成婚的男性可能面临终身不婚的问题。此外，大量学者利用普查数据对未来的婚姻挤压状况进行预测，李树苗等（2006b）提出"中国严重的婚姻挤压是从 2000 年开始的，到 2013 年之后，每年的过剩男性人口在 10% 以上，2015～2045 年可能在 15% 以上，平均每年大约有 120 万男性在婚姻市场上无法找到初婚对象"。根据 Guilmoto（2012）的预测，出生性别比偏高对性别失衡的影响已经不可避免，到 2050 年中国 50 岁以上无法成婚的男性有 3000 万人以上。

二 性别失衡的社会风险

（一）性别失衡的社会风险测度

一般意义上的社会风险是风险事件后果扩散到社会层面的风险形式，性别失衡的社会后果体现在男性成婚困难、高额婚姻花费、大龄未婚男性增多及家庭面临养老和经济困难、拐卖妇女儿童以及性产业相关的违

---

① 《第七次全国人口普查公报（第五号）——人口年龄构成情况》，国家统计局网站，2021 年 5 月 11 日，https://www.stats.gov.cn/sj/pcsj/rkpc/7rp/zk/html/fu03e.pdf。
② 《人口总量平稳增长，城镇化率继续提高》，中国政府网，2020 年 1 月 17 日，https://www.gov.cn/xinwen/2020-01/17/content_5470179.htm。
③ 《男性比女性多 3490 万，意味着有 3490 万光棍吗？》，"中国青年网"百家号，2021 年 5 月 12 日，https://baijiahao.baidu.com/s?id=1699514862918013430&wfr=spider&for=pc。

法犯罪活动增加、婚外恋及婚外性行为对家庭稳定性的冲击、非常态婚姻带来的婚姻伦理失序、婚姻挤压招致的留守女性的安全问题等。长期以来，成本-收益分析方法都被认为是计算风险发生后果及概率的科学方法，但有学者认为由于风险与人们的思维、情感以及价值观念等密切相关，因此不能被客观计算和掌握（胡象明、王锋，2014），由此产生了风险测度与评估中的客观与主观分歧和差异。靳小怡和刘利鸽（2009）将性别失衡的社会风险划分为客观和主观两个层面："客观层面的风险指遭受危险、损失和伤害的可能性；主观层面的风险是指人们对环境危险性的主观辨识或感知。"与性别失衡的客观风险和主观风险相对应，形成了性别失衡的宏观风险和微观风险的划分标准。具体而言，性别失衡的社会风险在宏观层面是性别失衡后果的风险，在微观层面是个体行为失范的风险。性别失衡后果的风险是指转型期性别结构失衡对宏观社会的影响，包括人口风险、经济风险、健康风险、公共安全风险和文化风险等；个体行为失范的风险则是由强烈的男孩偏好驱动的性别选择行为而产生的微观失范风险。宏观风险大多并非性别失衡的原发性风险，而是次生风险，即性别失衡会刺激并放大这些风险。在性别失衡的社会风险内部，男孩偏好驱动的性别选择以及相关失范行为是根源，同时也是传导性别失衡的社会风险的主要载体。

（二）性别失衡的社会风险识别

男性过剩和婚姻挤压是性别结构失衡的人口后果过渡到社会风险的桥梁（Jin et al.，2013）。不仅过剩男性自身由于缺乏家庭的支持和保护而成为弱势群体，同时其影响正通过特定途径放大和扩散至其他社会领域（朱正威等，2012），对国家人口与社会可持续发展产生深远影响。已有关于性别失衡的社会风险的研究主要是从微观（个体和家庭）、中观（社区）以及宏观（社会）三个层面，探析和识别风险的类型及程度。

第一，在微观层面，性别失衡加重了弱势群体的脆弱性，并在生命周期的各个节点持续发挥负面影响。一方面，性别失衡侵害了失婚男性特别是大龄未婚男性（通常为 30 岁以上）的基本权益，引起该弱势群体或利益受损群体的行为失范以及心理失范（李树茁、李卫东，2012；李卫东等，2013；李卫东等，2014；Li et al.，2019）。婚姻挤压不仅会直接降低失婚男性的生活质量，甚至会使其发生严重的个人及社会风险行为，面临较高的死亡风险和比较严重的寿命不均（姜全保等，2005；果臻等，2018；Yang et al.，2017；Yang et al.，2020）。在家庭养老仍是农村主导养老模式的形势下，伴侣和子女的缺失还容易使失婚大龄未婚男性陷入养老（自养与赡养）困境和危机（郭秋菊、靳小怡，2016）。而且，大龄未婚男性对父母的代际支持较弱，使得父母的生活满意度较低（靳小怡等，2012）。在父系家族传统和普婚文化的双重推力下，儿子的失婚会直接侵害父母的生活福利。另一方面，性别失衡还侵害了女性的生命权、生存权和发展权，因此受性别歧视影响的女童和妇女也是性别失衡的直接受害者。在性别比偏高的地区，女性遭受家庭暴力，包括不同类型身体暴力和精神暴力的可能性均更高（宋月萍、张婧文，2017）。婚姻挤压背景下的男性劣势非但"没有提高女性的社会地位，反而进一步加剧了女性的物化"，进而促使性别不平等、性别失衡和婚姻挤压形成恶性循环（韦艳等，2012）。

另外，婚姻挤压还会引起婚姻策略调整，进而冲击婚姻质量，导致离婚风险上升，家庭解体（靳小怡等，2011）。一个濒临破裂的家庭显然无法发挥其生育、养老、照料、医疗等功能，性别失衡也给家庭结构、功能、关系、禀赋以及稳定性带来一定威胁，冲击家庭再生产能力以及外部风险抵御能力（贾志科等，2020；杨博、孟阳，2016），最终影响家庭成员的福祉与发展。其一，大龄未婚男性无法成婚，影响了家庭生育模式和生育水平，扭曲了正常的家庭生命周期及发展趋势。其二，家庭规模缩减，导致家庭抚养比不断上升，老年人无法获得充足的代际支持，引发了家庭养老困难，并且家庭的分工协作也受到了较大限制（靳小怡等，2014）。其三，从家庭内部的代内关系来看，婚姻挤压会产生代内剥削，"多子"家庭会激烈争夺家庭的有限资源和机会（陶自祥，2011）。

第二，社区是连接个体和社会的桥梁，是个体风险放大到中观层次的反映，也是宏观风险在中观层次的缩影。在中国农村地区，很大一部分村庄正在经历男性婚姻挤压，并且被迫失婚的大龄未婚男性的地区分布不均衡（Jin et al.，2013）。已有研究中学者多从农村生育观念落后、资源匮乏以及贫困惯性出发，对中观层次性别失衡的社会风险进行研究。根据婚姻梯度理论，婚姻市场中的女性向资源相对丰富的地方迁移和流动，导致农村男性处于弱势地位。因此，婚姻挤压主要集中于农业剩余稀薄的地区，特别是贫困、落后和偏远的地区，甚至在一些地区出现一批"光棍村"，未来若干年可能会演变为"五保村"。

中观层面大龄未婚男性群体的存在，制约了社区的经济发展，并加重了社区的养老与社会保障负担。长期被社会排斥和边缘化的大龄未婚男性聚集，可能滋生越轨和违法行为，例如骚扰妇女、强奸、拐卖妇女儿童以及买婚、骗婚等非常态婚姻涌现，成为影响当地农村社会稳定的隐患，对农村社区的社会治安产生负面影响（靳小怡等，2012）。另外，还有可能诱发群体性行为失范，如聚众赌博、打架斗殴、合伙盗窃等，恶化社区风气、激化社会矛盾、破坏公共安全，最终引发大规模的社会冲突（靳小怡等，2010）。

第三，在宏观层面，由于社会制度不完善，相关公共政策缺失和滞后，人口性别结构长期失衡将人口后果扩散至经济、社会、健康、文化等领域，对社会风险具有加剧和放大效应，各种社会问题和冲突共生并且相互影响。

首先，关于性别失衡的经济风险，越来越多的学者开始关注性别失衡与储蓄、消费、婚姻支付、房价以及家庭资产选择之间的关系。虽然研究结果存在大小及程度上的差异，但均支持适婚人口性别比是彩礼支出、房价以及储蓄率上升的重要影响因素，并且对消费具有抑制作用，特别是在农村地区社会经济地位较低的群体中（张川川、陶美娟，2020；袁微、黄蓉，2018）。相比女孩家庭，男孩家庭具有更大的动机选择房屋进行投资，而非高风险的金融资产（魏下海、万江滔，2020）。其作用机制在于，根据地位寻求理论，性别失衡加剧了婚姻市场中的觅偶竞争，适婚男性通过购买住房来寻求自身地位和竞争力的提高。此外，婚配市场竞争越激烈，性别失衡对抬高房价的影响越强烈（逯进、刘璐，

2020）。

其次，关于性别失衡的社会风险，已有大量研究表明性别失衡会对国内社会安全乃至国际社会安全构成威胁。有些学者提供了直接证据，姜全保和李波（2011）通过对中国四期全国省级宏观人口经济和犯罪率数据进行分析发现，人口性别比每提高 0.01，犯罪率将上升 3.03%，说明性别失衡在很大程度上导致了犯罪率的上升。Edlund 等（2013）学者利用中国省一级犯罪数据估计，1988～2004 年，中国暴力和财产犯罪上升的 1/7 可以归因于偏高的性别比和不利的婚姻市场条件。还有一些学者提供了间接证据，婚姻挤压会滋生一些违背法律、道德和伦理的非常态婚姻形式，比如买婚、骗婚、早婚和婚外恋等已成为一种竞争女性资源的重要策略，由此产生的社会离婚率上升以及婚外性行为激增可能会导致犯罪率升高（张彬斌、汪德华，2018）。在女性缺失背景下，由山区到平原、由内地到沿海、由发展中国家到发达国家的国内外婚姻迁移逐渐成为缓解失婚风险的重要途径，而婚姻迁移则可能提高贫穷、落后和偏远国家或地区的婚姻挤压程度，并导致跨国家、跨地区的妇女儿童拐卖等违法犯罪问题（Davin，2005）。Prakash 和 Vadlamannati（2019）通过分析印度 1980～2011 年 29 个州的面板数据发现，儿童性别比每上升 100 个单位，贩卖女孩数量将增加 0.635%。

再次，关于性别失衡的健康风险，大量研究指出，性别失衡会对个体健康以及公共健康造成损害。个体健康风险主要包括儿童、女性以及失婚男性三类利益受损群体的健康风险。第一，父母生殖健康状况以及家庭稳定状况会对儿童健康产生影响。女性数量缺失，部分残障女性不得不回到生育队伍，直接导致新生儿的缺陷率升高。此外，随着"买婚""骗婚"等现象的增加，非婚生育和女性生育后离家等均会对儿童的身心健康造成损害。第二，主动或被动的性别选择行为以及婚姻挤压的潜在风险均会对女性身心健康产生危害。受家庭及个人男孩偏好的驱动，女性往往或主动或被动地进行性别选择，身心健康受到严重损害，甚至面临死亡风险。男性婚姻挤压催生的买婚、骗婚等现象，增加了妇女和儿童被拐卖的风险，会对女性人身安全构成威胁。此外，流动男性可能成为感染性病与艾滋病的高危人群与留守女性之间的桥梁，从而威胁留守女性的健康。第三，性压抑以及性风险会对失婚男性身心健康造成损害。在"普婚制"的中国，失婚男性可能被"标签化""污名化"，从而形成自卑和孤僻的性格以及一种被剥夺的心理状态，并养成酗酒、抽烟等不健康的生活习惯，甚至产生赌博、偷盗等越轨行为。同时，失婚男性会选择"一夜情""商业性行为"等风险性行为来满足其性需求，不利于其身心健康。

公共健康风险主要是指婚姻挤压导致的成婚困难，失婚男性更可能发生"买性"等风险性行为、性行为错乱和性犯罪（Hudson and Den Boer，2002；杨雪燕等，2012；杨雪燕等，2013）。在人口流动背景下，未婚男性成为一个明显的风险群体，上述不安全性行为加之缺乏使用避孕套的安全意识增加了性病、艾滋病等传染病的传播风险。Ebenstein 和 Sharygin（2009）预测中国出生性别比在 1.06 到 1.25 之间的变化，可能导致 2050 年的 HIV 感染率为每 1000 人 0.93~1.05，进而引发公共健康危机。

最后，关于性别失衡的文化风险，在性别失衡背景下，性别歧视、男孩偏好以及性别选择文化传统仍未消失反而逐渐隐性化。攀比性和炫耀性的高额婚姻花费、拐卖妇女儿童以及早婚、买婚、骗婚、婚外恋等非常态婚姻可能会被更多人接受，甚至在一些大龄未婚男性数量比较多的地区，可能会出现"光棍亚文化"和"非主流"婚姻文化等偏离社会主流价值标准的文化，而一些积极的伦理和规范可能遭受冲击。

综上所述，性别失衡的社会风险在微观层面、中观层面和宏观层面的具体表现如表 2-1 所示。

表 2-1　性别失衡的社会风险识别

表现	微观层面	中观层面	宏观层面
人口风险	失婚男性行为失范、心理失范、生活质量、死亡风险、代际支持、父母生活福利、女性权利	大龄未婚男性聚集、光棍村	女性缺失、人口数量和规模缩减、老龄化程度加深、劳动适龄人口减少、婚姻挤压

续表

表现	微观层面	中观层面	宏观层面
经济风险	经济压力、养老困难	制约经济发展、加重社区养老和社会保障负担	储蓄、消费、婚姻支付、房价、家庭资产选择
社会风险	婚姻质量、家庭发展	社区治安、社会矛盾、公共安全、社会冲突	社会安全、国际安全、违法犯罪、非常态婚姻、人口拐卖
健康风险	儿童健康、女性健康、失婚男性健康	群体性行为失范	性病、艾滋病等传染病
文化风险	性别偏好、代内剥削	生育观念、社区风气	性别偏好隐性化、攀比性婚姻花费、非常态婚姻、光棍亚文化

三 研究评述

目前，学者们逐渐在性别结构失衡给社会发展、社区稳定以及家庭和个人生活带来的后果与风险上达成了基本共识。已有研究主要集中在两个方面：一方面，通过理论推断和数据模拟，识别出性别失衡的相关后果与风险；另一方面，把性别失衡或者偏高的性别比及婚姻挤压作为背景、条件或情境因素，分析其对人口、经济、社会和健康等某一要素在宏观或微观层面的影响。虽然现有性别失衡后果与风险的研究成果颇丰，但不可否认的是仍然存在一些值得进一步讨论和深入研究之处。

首先，关于性别失衡的社会风险的概念有待进一步明确。现有研究中概念界定不清，使得性别失衡的后果与风险相混淆，一些研究甚至将性别失衡的单一后果等同于性别失衡的社会风险。另外，尚未形成整体风险观，研究多停留于性别失衡的人口后果分析层面，制约了对性别失衡的社会风险的全面系统认识。因此，性别失衡的社会风险研究需要从基本概念出发，解构其核心内涵。

其次，关于性别失衡的社会风险的测度有待进一步拓展和深入。已有研究中性别失衡的社会风险在客观层面被测度为性别结构失衡所引发的次生风险，在主观层面被测度为个体对次生风险的主观辨识与感知。对于性别失衡的社会风险的测度还比较笼统和模糊，尚未形成对风险本身内在属性和结构的关注，缺少对系统风险水平差异产生原因的探析。因此，性别失衡的社会风险研究需要借鉴内生性的风险评估视角和方法，剖析其构成及成因。

最后，关于性别失衡的社会风险的评估有待进一步发展和完善。现有研究多关注风险的单一要素，缺乏系统性评估，使得宏观风险与微观风险、主观风险与客观风险相对割裂，无法形成对性别失衡的社会风险的整体性把握。其一，目前定量分析主要集中在微观弱势群体及其家庭发展研究或宏观人口后果模拟推断等方面，缺少将二者连接起来的中观社区尺度上的测量。其二，当前主流风险评估忽视了对社会公众风险认知的分析，致使风险的承担者被排除在风险管理与决策之外。因此，性别失衡的社会风险研究需要具备风险整体观，深入探究其水平及特征。

第二节　性别失衡的社会风险治理研究

一　性别失衡的社会风险治理思路

性别失衡的社会风险治理包含对社会风险的直接治理和对社会风险放大的阻断治理两种思路，前者是对性别结构失衡下各种社会风险的应对，后者则是对性别失衡的社会风险放大途径的快速阻断。

（一）直接治理

对性别失衡的社会风险的直接治理存在两条路径，一条是根源性治理，另一条是缓解性治理。性别失衡的社会风险存在的根源在于出生性别比失衡，要从根本上治理蕴藏于性别失衡社会的各种风险，必须使出生性别比尽快恢复正常。因此，目前大量研究以及各级政府均集中于出生性别比偏高的原因治理，将弱化男孩偏好、促进性别平等作为解决性别失衡的社会风险的根本出路（刘慧君、李树茁，2011a）。出生性别比治理可以起到"预前"作用，既包括对性别选择的直接治理，通过立法、行政处罚等措施建立行为约束机制，严厉打击"两非"行为；也包括对性别文化规范的间接治理，通过实施改善女孩生存环境、促进妇女发展、提高女性地位的各项政策，建立利益导向机制，引导生育观念和生育行为转变（杨雪燕、李树茁，2009）。

缓解性治理是对性别失衡的社会风险进行"预后"的公共治理，旨在积极应对性别失衡下各类既成的以及潜在的社会风险，缓解婚姻挤压带来的社会问题，但治理多围绕大龄未婚男性这一特殊利益相关者的权益保护，因而相对片面、滞后且不成体系。宏观上的"预后"措施主要关注男性过剩的数量和规模、失婚男性及家庭所面临的养老问题，强调政府应健全和完善社会医疗体系和养老保障制度，并向弱势群体适度倾斜。微观上的"预后"措施主要关注大龄未婚男性的心理及行为失范，强调心理疏导以及生活帮扶和文化教育扶持（陆杰华、张韵，2014）。

整体而言，根源性治理的意义在于"治本"，而缓解性治理的意义在于"治标"，随着性别失衡的社会风险的加速积聚，"治本"已经无法应对既成的和潜在的社会风险。因此，性别失衡的社会风险治理需要标本兼治，特别需要"预后"工作，以化解不稳定因素，促进人口社会可持续发展。

（二）阻断治理

在一个常态社会，性别失衡的社会风险更多地集中于个人及家庭层面，但在转型社会中，性别失衡的社会风险会积聚并放大，从个体扩散到社会领域，从而可能激化社会矛盾，给社会稳定和公共安全带来冲击。性别失衡的社会风险放大是从个人领域放大到公共领域、从个体事件放大为群体性事件，经过脆弱性催化、信息传递、公众反应和人口规模化四级推进。为有效阻止性别失衡的社会风险放大为全局性和系统性的公共危机，需要对性别失衡的社会风险放大进行阻断治理。

对性别失衡的社会风险放大的阻断治理，强调通过建立宏观和微观整体联动的治理系统，阻止风险放大可能引发的次级效应的产生。在宏观上，改变传统的以政府为单一主体的治理机制，采取以网络治理为工具的风险管理模式。政府利用现代化的信息技术，构建深入社会的网络传感机制，能够畅通沟通渠道，鼓励公众参与治理，从而实现多元化利益协调，赢得公众信任，化解社会矛盾和风险。在微观上，围绕性别失衡的社会风险四级放大途径，采取有针对性的治理措施。首先，完善社会保障制度，优先将大龄未婚男性纳入医疗体系、社会保障和精准扶贫等，加大对反贫困、降低脆弱性工作的支持力度，提高性别失衡地区的风险抵御能力。其次，畅通信息网络，完善信息披露机制，实现信息的公开透明与快速流动。再次，加强与公众的沟通和互动，重点监测公众行为反应，针对不同的公众行为反应制定不同的应急预案。最后，针对局域性社会风险的积聚，加强动态监测，打击违法犯罪，提供务实服务。

阻断治理是未来我国性别失衡的社会风险治理工作的重点，相较于直接治理，阻断治理是一种动态过程，强调按照风险放大路径构建治理机制和模式，核心是政府与社会之间的资源和信息共享实现的整体联动。

二　性别失衡的社会风险治理理论

目前，我国性别失衡的社会风险治理仍主要落脚于根源性的出生性别比偏高治理。在学术研究中，性别失衡的社会风险治理理论仍主要是出生性别比治理的相关理论，包括公共治理理论、公共政策理论、整体性治理理论以及网络治理理论等。目前学界主要利用上述理论分析中国性别失衡治理失效的原因并论证相关理论用于解决性别结构失衡问题的有效性。

（一）公共治理理论

公共治理理论是研究公共事务治理的理论基础，该理论既是对公共选择理论关于"政府失灵"的超越，也是对福利经济学关于"市场失灵"的超越，是一种强调主体多元化和管理协作化的新型治理模式。在性别失衡治理的已有研究中，学者们结合治理需求和实践，运用公共治理理论，对性别失衡的治理要素进行识别分析与国际比较，并对治理绩效及其影响因素进行评估与探索。

　　根据性别失衡态势，治理目标主要包括针对偏高的出生性别比治理、偏高的女孩死亡率治理以及对二者同时进行治理。与治理目标相对应的治理理念则分别是旨在解决性别选择的直接治理和旨在促进性别平等的间接治理，以及将二者结合的标本兼治。另外，随着中国进入性别失衡社会，多元化群体和权利需求出现，有学者提出关注多元性存在与权益的治理理念，要求在性别失衡治理中考虑少数群体的基本需求和权益，例如同性恋群体（李树茁、杨博，2014）。

　　治理结构是治理的主体构成及相互关系，一般包含政府和市民社会。中国的性别失衡治理一直是以政府为主导的，市民社会主要是在政府的协调下参与一些性别平等的促进活动。有学者提出我国政府主导的治理结构存在一定缺陷，应借鉴韩国政府的成功经验，促进非政府组织和企业等社会力量参与治理（韦艳、梁义成，2008）。多元化治理主体是性别失衡治理的关键，在治理结构上，需要建立协同合作机制和行政问责机制。

　　治理工具主要是政府实施治理的各项具体手段，从功能上可划分为行为约束型工具、社会保障型工具、利益导向型工具和宣传倡导型工具等类型（尚子娟等，2012）。行为约束型工具以法律法规为主，特别是对于禁止"两非"行为的处罚规定。社会保障型工具以社会保障制度建设为手段，为女性、老年失婚男性、贫困人口和计划生育家庭等弱势群体提供相应政策支持和保障（李树茁、果臻，2013；刘慧君等，2012）。利益导向型工具以各类奖励政策为核心，为计划生育家庭、女性发展提供经济激励（顾晓敏，2018）。宣传倡导型工具注重发挥社会舆论的导向作用，促进社会性别主流化，通过开展人口知识与人口政策讲座，宣传性别失衡的相关后果与潜在风险（杨博、李树茁，2018）。

　　治理机制是确保治理工作能够正常开展的制度环境，主要包括组织机制、投入机制、激励机制和考核机制等。中国目前采取的是多头管理的组织机制和有限的投入机制，尚未建立起部门合作机制及资源共享机制。激励机制以及考核机制仍主要体现在行政问责机制当中，仅将性别失衡治理纳入各部门考核评估体系。整体而言，治理机制不够完善，影响性别失衡治理工作的有效开展。因此，性别失衡治理需要注重组织建设和资金保障，建立考核激励机制（闫绍华等，2010）。

治理绩效是治理的效果，根据绩效考核指标差异可以分为直接绩效和间接绩效，根据绩效评估阶段可以分为过程绩效和结果绩效。性别失衡治理绩效问题仍是学术界关注较少的论题，相关研究多散见于性别失衡的原因及治理等文献中。经过梳理发现，治理绩效的影响因素主要包括政策系统协调性、治理结构、治理工具、治理模式、制度环境和制度结构等。

（二）公共政策理论

公共政策作为政府为解决各种社会问题所采取的基本措施，是公共治理的核心。中国的性别失衡治理就是依托"关爱女孩行动"国家战略平台开展的公共政策实践与创新。大量研究对性别失衡治理的公共政策体系进行了深入分析，探究治理失灵或低效的政策原因。

杨雪燕和李树茁（2008）运用公共政策系统协调性分析框架，发现出生性别比偏高问题未能得到有效治理的主要原因是公共政策系统的不协调。宋健（2009）基于社会性别视角审视社会政策，认为出生性别比问题治理低效的主要原因是公共政策缺少社会性别视角、彼此不协调、配套政策不足且可操作性差。吴帆（2010）以集体理性与个体理性的关系为分析视角，发现治理出生性别比失衡的公共政策失效的根本原因在于性别失衡治理的集体理性与生育决策的个体理性之间的矛盾和冲突，并提出促进出生性别比正常化的公共政策"帕累托改进"。周垚（2010）从政策目标、政策对象、政策内容以及政策工具四个维度，直接对治理出生性别比偏高的公共政策进行分析评估，提出治理出生性别比偏高的两个公共政策重点分别是公共政策的赋权性和系统性。韦艳和李静（2011）基于政策网络视角，从治理主体、治理结构、治理工具和治理机制四个维度，对中韩性别失衡治理进行比较研究，研究结果表明，政策网络中多元化的治理主体是性别失衡治理的关键和核心，政策网络的开放性、治理工具的多样性和治理机制的协调性是促进治理产生效果的有力手段。还有一些学者主要关注生育政策在性别失衡治理中的作用，然而关于生育政策与出生性别比失衡的关系，迄今仍未取得共识（陆杰华，2016；王军，2013）。

（三）整体性治理理论

整体性治理（holistic governance）理论作为公共治理理论的重要发展和分支，以整体主义及新公共服务为理论基础，是针对传统公共行政（官僚制）的衰落以及新公共管理改革所引发的"碎片化"（fragmentation）问题而提出的。政府主导下的性别失衡治理呈现碎片化特征，导致治理存在一定程度的失灵与低效。

韦艳和吴燕（2011）基于整体性治理视角，发现性别失衡治理的治理主体、决策机制、运行机制以及评估监督反馈机制的碎片化使得治理效果呈现失效的特征，进而提出了性别失衡的整体性治理，认为需要形成对性别失衡治理的整体性认识，制定全局性的战略目标与切实可行的阶段性目标，建立大部门式治理模式，实现政府与市民社会的协作治理，构建信息系统与回应机制，建立和完善评估监督和反馈机制。李树苗等（2012）将社会管理理论的社会行为规范、社会关系协调、社会问题解决以及社会风险化解的四个内涵与整体性治理的层级整合、功能整合和部门整合构成的三维立体模型进行耦合，构建了性别失衡社会管理的整体性治理框架。尚子娟等（2015）以该框架为基础，对性别失衡治理绩效开展实证研究，发现治理结构不仅在宏观上影响县区的出生性别比，同时在微观上对个体生育意愿具有显著影响。

（四）网络治理理论

网络治理（network governance）理论是对新公共管理理论的批判继承和最新发展。该理论主张政府、企业、非政府组织和个人等多元治理主体，在制度化的治理结构基础上，通过联合行动来增进公共利益并实现公共价值（陈剩勇、于兰兰，2012）。

网络治理理论是一种有效应对社会复杂性的理性选择，为解决棘手的公共问题提供了一种新的视角。为及时、高效地应对性别失衡的社会风险并阻断风险进一步放大，刘慧君和李树苗（2014）提出，需要改变传统的以政府为单一决策主体的治理结构，采用以网络治理为工具的危机管理模式。利用现代化的信息技术，纳入政府、企业、非政府组织和市民社会等多元治理主体，用并行式的网络系统代替层级式的线性系统，能够实现整体联动，快速阻断性别失衡的社会风险放大。网络治理是对社会多样化和分权化的回应，为调动多元主体的积极性从而开展合作提供了制度化的治理框架（刘波等，2013）。然而，也有学者提出网络治理是一种理想化的水平式治理，公众参与更多的是一种象征意义，最终可能是政府公信力的缺失，并且网络治理是一种非常松散和不稳定的治理形式，发展的结果通常是"网络"解散或集合为一个组织（田培杰，2014）。

基于上述分析，本书对性别失衡的社会风险治理理论进行总结，各理论的主要内容及核心理念如表2-2所示。

表2-2　性别失衡的社会风险治理理论

理论	主要内容	核心理念
公共治理理论	治理要素识别分析、国际比较和治理绩效影响因素探索	治理要素及治理过程
公共政策理论	从相关理论视角出发对公共政策进行梳理与分析	治理失效的政策原因
整体性治理理论	针对治理碎片化，运用整合化组织形式推动政府治理创新	政府内部"碎片化"治理，"内修"
网络治理理论	为阻断风险放大，用并行式的网络系统代替层级式的线性系统	公共服务治理网络，"外联"

三　性别失衡的社会风险治理机制

中国的性别失衡治理开始于20世纪80年代，经过40余年的发展，性别失衡治理逐渐成为一项国家层面的重大人口战略。在此过程中，性别失衡治理工作得到全面推进，取得了重要成效。基于性别失衡治理的实践沿革，以及所运用的治理理论，可以从治理实践和治理理论两个层面对性别失衡治理机制进行总结。

在治理实践层面，已有研究根据治理沿革，提出如下三种治理机制。

一是国家治理的"三轮驱动"机制，以"关爱女孩行动"国家战略平台为依托，以社会发展制度和公共政策体系为支撑，开展性别失衡治理。"关爱女孩行动"国家战略平台使"三大制度和五项行动"[①] 在社会发展和公共政策领域能够有效结合，从而促进性别平等，加大权利保护力度，并推动社会和谐发展。二是国家治理的"5+1"工作机制，由于性别失衡治理是一个复杂的系统工程，仅靠单个部门或只在某个领域均难以实现治理目标，需要各个部门联合，形成以组织领导为基础，以查处"两非"、全程服务、宣传倡导、利益导向和统计监测为支撑的系统工作机制。三是将上述两种机制中的"三大制度和五项行动"与"5+1"工作机制有机结合，形成以国家统筹为依托、省级决策为支撑和县区创新为突破的国家多层次治理模式（李树茁等，2014）。

在治理理论层面，学者们基于不同的治理理论，提出如下三种治理机制。

一是一元治理机制，在 20 世纪 90 年代性别失衡治理开展之初，政府是唯一的治理主体，以垄断的形式包揽了从治理政策制定到治理措施执行等的各个环节，将社会公众置于被动从属地位。该机制是强制力主导型，其重点和终点均是政府的单向度管理，主要依靠政府的权威，通过制定相关法律法规，打击"两非"、降低出生性别比（刘中一，2013）。二是整体性治理机制，伴随治理理论的发展以及性别失衡治理的碎片化，性别失衡治理逐渐走向整体性综合治理。政府仍是主要的治理主体，但开始借助其他社会主体的力量，强调将政府横向的部门结构与纵向的层级结构、从宏观到微观的利益相关者以及性别失衡的原因治理和后果治理有机整合，有效利用多种政策工具。三是网络治理机制，随着中国进入性别失衡社会，性别失衡治理开始由原因治理转向后果治理。为积极应对性别失衡的社会风险并阻断风险的进一步放大，需要转变以政府为单一主体的治理模式，强调纳入政府、企业、非政府组织和社会公众等多元化治理主体，利用现代化信息技术，形成深入社会各个层面的网络传感机制和危机预警机制，进而构成迅速反应的整体联动机制，

---

① 三大制度为少生快富工程、农村计划生育家庭奖励扶助制度和计划生育家庭特别扶助制度；五项行动是新农村新家庭计划、婚育新风进万家、关爱女孩行动、生育关怀行动和幸福工程。

实现政府与社会的双向互动和相互影响。

四 研究评述

现有关于性别失衡的社会风险治理的研究无论在理论层面还是在实践层面都相对不足，还存在进一步探索的空间。一是从社会风险情境出发的一体化视角在治理的研究与实践中还处于双重缺失状态。已有研究对现实情境的分析还十分欠缺，只有既考虑到治理外部环境的复杂性和不确定性，又能将外部治理情境与内部治理要素相结合，形成动态的治理机制，性别失衡的社会风险治理才是有效的（尚子娟，2014）。二是尚未形成中国化的且经过验证的行之有效的性别失衡的社会风险治理研究框架。性别失衡的社会风险治理需要借助社会的力量，怎样有效发挥社会的积极性、如何形成政府与社会的良性互动以及互动的结果如何，这些问题均亟待解决，需要开展深入的理论探索和实证检验。

具体而言，首先，性别失衡的社会风险治理主要集中在针对人口性别结构失衡的原因以及对弱势群体等直接利益相关者的权益保护方面。随着中国进入性别失衡社会，长期累积的性别结构失衡使得社会风险逐渐显现，并且呈现从直接利益相关者向全社会扩散的效应，传统的性别失衡治理面临失效风险。虽然已经有学者提出关注性别失衡产生的社会风险及治理，但研究多停留在风险识别以及性别失衡与其他社会风险之间的相关关系上，并以此为基础提出相关政策启示，缺少直接针对性别失衡的社会风险治理的量化实证研究。另外，从政府到公众均缺乏足够的风险意识，即对出生性别比失衡的严重后果及潜在社会风险的准确性和前瞻性认识还十分不足，这在很大程度上会制约治理效果（杨菊华，2016）。以性别失衡的社会风险放大机制为切入点，对性别失衡的社会风险进行评估，有助于公众和政府对性别失衡的社会风险的严重性以及治理紧迫性产生深刻认识。

其次，在性别失衡风险社会，现行的基于常态公共事务管理的治理目标、治理理念、治理结构、治理工具及治理机制形成的治理模式制约了性别失衡治理的绩效，导致政府治理的低效甚至失灵。第一，由于治理目标和治理理念长期"锁定"于偏高的出生性别比，政府缺乏对性别失衡后果与风险的基本认知，从而引发政府不作为和治理行为失当的交互出现。第二，在治理结构和治理机制中，政府作为治理的唯一主体，由于资源限制无法单独承担应对风险的重任，其他主体即使能够参与治理，也是被动的且缺乏相应的制度保障。虽然各级政府均制定了责任主体明确的法律法规，但是"从治理主体在制度体系内的开放性和双向度来说，多元主体良性互动的协同治理框架尚未形成"（罗豪才、宋功德，2005）。第三，在治理工具中，社会风险要求政府必须具备巨大的人力、物力以及信息资源，然而政府资源和能力的有限性制约了政府治理的意愿及能力。另外，当前的治理措施与生育主体的结合不够紧密，各地治理政策差异显著，导致稳定性较差。第四，在治理绩效上存在短期集中表象，如将出生性别比考核列入一票否决制，使得治理浮于表面、流于形式，因而可能出现反弹。

最后，现行性别失衡治理主要以政府主导和自上而下的管理为主，缺乏对一般生育决策单位，即家庭和个人的动员和干预。家庭和个人作为性别失衡的社会风险最直接的利益相关者，是公共治理最根本的践行者，能够实现外部风险的内在化。而公众作为治理对象被动地参与性别失衡治理，会导致公众参与内生动力不足，使得治理有效性大打折扣（吴帆，2018；刘中一，2015）。随着治理理论的发展以及性别失衡研究的深入，性别失衡治理理论从公共治理、整体性治理发展到网络治理，并形成了相应的治理机制。学者们开始关注并强调多元主体参与，但上述治理理论均无法明确给出具体框架以及合作过程中的协调互动机制，缺少对治理机制的解构分析。

第三节　社会风险协同治理机制的理论研究

一　风险社会理论

"风险社会"（risk society）的概念最早由社会学家乌尔里希·贝克

于 1986 年提出，之后经过安东尼·吉登斯和尼克拉斯·卢曼等学者的深入研究，逐渐形成风险社会理论，该理论主要关注风险社会的形成原因及核心特征。贝克（2004）指出风险是后工业社会的主导社会结构特征，风险社会将社会的分配逻辑从财富分配转向风险分配。吉登斯（2000）进一步提出风险社会是现代性变异的必然产物，并按照简单现代化和反思现代化的二分法逻辑，将风险划分为外部风险（external risk）和人为风险（manufactured risk）。贝克和吉登斯关于风险社会的理念均强调制度建构，是一种制度主义观点。而有一些学者对此提出批判，卢曼（2005）构建出"风险的复杂自系统理论"，将信任视为社会复杂性的简化机制。斯科拉·拉什（2002）则从文化视角来理解风险社会，关注现代风险是如何在特定的风险文化背景中被建构出来的。二者均强调风险归咎和信任问题，因而形成一种文化主义观点。从根本上讲，两种观点均将风险社会界定为一个对风险进行现实建构的社会秩序。

风险社会理论特别适用于理解由现代化社会自身所致的灾害，例如生态环境恶化和人口与经济发展等重大社会问题，具有非常强的现实观照性及分析能力。该理论作为解释社会问题的当代话语体系，不仅为把握社会风险的形成机制及性质特征提供了全新的观察视角，还将重塑风险治理的理论范式和研究视域（成伯清，2007）。一方面，该理论强调风险的不确定性、叠加性、复杂性、系统性、外部性和公共性等特征，要求从整体意义上认识社会风险，并对其进行精准识别和评估。社会风险是现代化过程中导致社会失序的各种可能性因素，既是一种客观状态，又包含主观认知。因此，社会风险研究应坚持整体主义方法论，将客观存在与主观建构相结合、将宏观风险与微观感知相结合，对社会风险形成系统且准确的判断。另一方面，风险治理是风险社会的根本选择，风险社会导致公共领域扩张与私人领域再造的双重结果，需要提升风险治理的社会性和内生性，注重治理机制变革与治理情境差异。社会风险治理研究的核心是制度建设和机制重构，强调关注治理结构的内部关联机理及与外部情境的互动。

二　社会风险管理理论

（一）国外社会风险管理的研究进展

社会风险管理（social risk management）是 1999 年世界银行为应对全球化对社会发展的严峻挑战而提出的社会保障政策，之后逐渐发展为在全面系统的社会风险评估基础上，多元主体共同参与并且责任共担，合理处置风险的社会化、多样性以及复杂性的对策，强调管理体系的系统性以及过程的动态性（黄英君，2013）。2005 年，国际风险管理理事会（International Risk Governance Council，IRGC）发表了《国际风险管理理事会白皮书：风险治理——面向一体化的解决方案》，将"风险治理"（risk governance）提到最为显著的位置，并首次提出风险治理框架。相较于风险管理，风险治理强调主体多元性、社会因素和心理因素、公众参与和风险沟通等方面的作用（钟开斌，2007）。虽然目前学术研究中尚未严格区分风险管理与风险治理，国际上通用的概念仍是风险管理，但随着"管理"向"治理"的发展及转变，风险管理的内涵也逐渐"治理化"。

在风险治理概念基本清晰的基础上，风险治理模型和框架逐渐引发高度关注，现有框架多为综合性风险治理过程框架，开始于风险评估，到风险管理或风险应对结束，风险沟通贯穿始终（王京京，2014）。May 和 Plummer（2011）识别出风险管理中的三个新兴主题，第一个是需要采取参与式方法，真正让行动者参与审议和互动过程；第二个是强调知识信息的共同创造和对社会学习机制的承诺；第三个是适应性治理网络的构建和运行。根据上述分析，他们提出结合适应性协同管理（adaptive co-management）的思想来修改传统的风险管理，适应性协同管理被概念化为一种治理系统，该系统涉及为解决问题、做出决策和发起行动的各种规模的多个异构参与者网络，强调协同的纵向和横向联系特性以及适应性管理的动态学习特性。适应性协同管理融合了协同管理与适应性管理的原则，核心是协同，以跨部门组织和协作为主要特征。

在适应性协同管理基础上，May 和 Plummer 构建了适应性协同风险管理框架（Adaptive Collaborative Risk Management，ACRM），协同是该框架的第一个关键特性，强调将参与者联系或连接到探索共同利益和集中资源的过程中，以一定程度的权力共享和共同决策来解决问题，丰富了传统的风险管理。协同的核心是风险沟通和协商（risk communication and consultation），即一个组织为了提供、分享或获取信息，以及与利益相关者就风险管理进行对话而发生的持续和反复的过程。适应是第二个关键特性，强调持续监测与回顾（continuous monitoring and review），监测是指持续检查、监督、批判性地观察或确定状态，以明确所需或预期的绩效水平的变化；回顾则是为确定适宜性、充分性和有效性以实现既定目标而进行的活动（见图 2-1）。

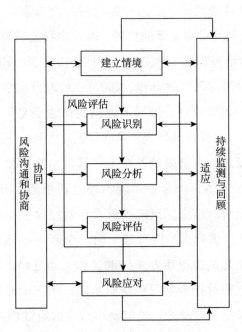

图 2-1　适应性协同风险管理框架

资料来源：May 和 Plummer（2011）提出的框架原图。

总体而言，该框架克服了传统风险管理的一些挑战，核心是将适应性协同管理应用于风险管理，即将协同和适应贯穿于从建立情境到风险评估（风险识别、风险分析、风险评估），再到风险应对的风险管理过程始终（Olsson et al.，2004）。

（二）国内社会风险管理的研究进展

自 2003 年开始，国内学者逐渐引入西方理论，对我国社会风险管理问题展开研究并不断深入，整体呈现从风险管理向风险治理的范式转变和逻辑演进（木永跃，2019）。赵延东（2004）提出中国已经进入"风险社会"，现代风险从制度和文化上改变了社会的运行逻辑，冲击了传统风险治理机制，应建立满足风险社会需求的"新合作风险治理"机制，在多元主体之间构筑信任关系，建立资源和信息共享的平台。张成福等（2009）指出风险社会的根本选择和出路在于风险治理，与传统单向度、技术性和客观性的风险管理不同，风险治理的目标是实现"风险善治"，需要培养风险治理观念，建立风险治理机制，最终形成风险治理合力。朱正威等（2014）提出风险治理是政府公共职能框架中必不可少的组成元件，通过总结国际风险治理理论和模式，判断风险治理的趋势是系统科学化与协同治理性的统一。

由于巨大的社会变迁和快速的社会转型，中国正处于风险共生下的高风险社会。社会转型与社会风险相伴共生，一方面，社会风险产生于社会转型时期，另一方面，社会转型又会引发新的社会问题。最终，社会风险种类越来越多，强度越来越大，危害越来越深。我国转型期的社会风险主要表现在社会极化加剧结构性风险、社会认同和信任弱化引起制度风险、严重的利益失衡导致社会风险交错叠加（李诚，2011），呈现多重复合的特点，不仅各领域的风险相互纠结，不同时态的风险也相互交叉和关联，因此具有更大的不确定性、扩散性、衍生性以及不可控性（刘岩、赵延东，2011）。在数量、强度和频度均不断增加的社会风险面前，中国的社会风险治理体系面临诸多困境，主要包括治理主体能力低以及政府治理失效。因此，以政府为主导的风险治理要让位于由公民和政府共同负担的复合治理（黄英君，2018）。复合治理强调将重点放在加快现代化治理机制构建上，通过强化国家的公共责任和提高政府的治理能力，培育和完善公众参与机制，增强公众的风险意识和风险识别能力，培养社会信任，共同有效地应对风险（杨雪冬，2007）。

（三）社会风险管理的发展趋势

对于社会风险问题的极端复杂性和动态变化性，从单一或静态视角出发已难以获取对社会风险的全面理解和应对之策，亟须多维度、动态的综合审视。社会风险管理呈现如下的发展趋势。

首先，由外在型"管理"向内生型"治理"的转变是首要发展趋势，即强调社会风险的治理性。社会风险管理已经无法适应日趋复杂且影响广泛的风险社会，因而需要变革风险治理理念和规制。与社会风险管理相比，社会风险治理是一项系统工程，涵盖风险评估、风险沟通以及风险应对等全过程，具有鲜明特征，强调采用综合性原则开展顶层设计和制度安排，突出参与性、透明性和公正性等"善治"原则，提出用并行式的网络系统代替层级制的线性系统。

其次，社会风险的高度复杂性和后果严重性，使得人类步入"后信任社会"（post-trust society），行动者的决策及行动具有很大的"外部性"，由此产生的多元利益相关者推动着治理向"协同"的方向发展，协同逐渐成为社会风险管理的核心属性之一。协同是一种动态、交互影响以及演化的过程，该理论的出现为风险治理提供了一种新思路。协同意味着公共权力由政府单一支配转向多元主体分配的结构性变化，能够激发风险意识，推动风险沟通，从而实现有效应对。

最后，已有研究对社会风险的概念和定义已达成普遍共识，社会风险是一个从客观制度主义到主观建构主义的"连续统"。社会风险管理逐渐发展成为一种复合治理，既关注客观风险情境，也考虑主观风险认知。社会风险的客观特征及行动者对风险的主观认知共同决定了风险管理的机制和模式，客观风险形成了治理机制的承载场域，而主观风险构成了治理机制的运行结果。

三 协同治理理论

（一）协同治理概念界定

20世纪90年代后期，协同治理发轫于学术界对传统治理理论的批判性反思，研究成果不断涌现。协同治理源自治理需求和治理能力的不平衡，是对传统管理在解决复杂而棘手问题（wicked problems）上的局限性的反映（Holbrook，2020），被视为"重建公共管理理论的契机"（McGuire，2006）。协同治理已成为参与式方法文献中的一个通用术语，取代了对抗性和管理性政策制定和实施模式（季曦、程倩，2018）。参与式治理与协同治理是两个相近的概念，参与式治理在欧洲被广泛使用，协同治理则在北美情境中使用更为普遍。从参与式治理角度来看，协同是一种互动形式，从协同治理角度出发，参与是众多要素中的一个。本书将二者统一为协同治理，将参与作为协同治理的核心要素之一融入其中。尽管协同治理在学术研究中很流行，并且在实践中得到了广泛运用，但在概念界定上仍缺乏清晰性和一致性。

协同治理是将协同学与治理理论进行耦合交叉而形成的跨学科新兴理论。协同学是自然科学中一门研究普遍规律支配下的有序的集体行为和自组织行为的复杂系统科学（李汉卿，2014），而治理理论作为社会科学中的重要理论，是各种公共机构与私人机构为管理共同事务而采取的诸多方式的总和，协同学在刻画治理过程的有序性和治理结构的有效性上具有启发意义（吴春梅、庄永琪，2013）。协同治理（collaborative governance）最早是由 John Donahue 于 2004 年提出。Ansell 和 Gash（2008）定义的协同治理内涵比较窄，是"一个或多个公共机构与非政府部门利益相关者在正式的、面向共识和协商的集体决策过程中直接对话，以制定或实施公共政策或管理公共项目和资产的一种制度安排"。Emerson 等（2011）提出了更为具体且涵盖面更广的协同治理内涵，他们将协同治理定义为"使人们建设性地跨越公共部门、政府层级和/或公共、私人以及公民领域的边界"，以实现一个不能以其他方式实现的公共目的的政策制定和管理过程与结构。学者们对协同治理的理解虽不尽相同，但已形成如下基本共识：一是政府以外的行动人加入治理之中；二是各行动人协同互动以达到共同的目标。简言之，协同治理就是在一个开放的系统中，探寻有效的治理机构并开展协同互动的过程。

国内学者也对协同治理的概念做出了本土化的界定与论述，朱纪华（2010）将其定义为"在公共生活过程中，政府、非政府组织、企业、公民个人共同参与到公共管理的实践中，发挥各自的独特作用，组成和谐有序高效的公共治理网络"。俞可平（2012）认为"国家与社会协同治理的实质，就是政府与公民对社会政治事务的合作管理，简单地说，就是官民共治"。燕继荣（2017）将协同治理分解为政府管理和社会自理，即"多元社会主体共同参与社会事务和社会问题的解决，实现共管共治"。李辉和任晓春（2010）在"善治"视野下对协同治理的概念及内涵进行界定，认为"协同治理是指处于同一治理网络中的多元主体间通过协调合作，形成彼此啮合、相互依存、共同行动、共担风险的局面，产生有序的治理结构，以促进公共利益的实现"，其核心内涵为匹配性、一致性、动态性、有序性和有效性。总的来说，国内学者对协同治理的认识比较一致，主张在公共服务和公共决策过程中，促使多元主体发展形成互动式、参与式以及协同性的治理体制机制，强调主体多元、权力共享以及工作协同。

（二）协同治理机制模型

基于对协同治理潜在价值的期望，围绕"协同治理在怎样的条件下如何运行才能取得最优效果"，学者们在剖析协同治理的内部构成要件方面达成了一定的共识，形成了一系列协同治理机制的理论框架，最具代表性的是 Ansell 和 Gash 提出的协同治理权变模型以及在此基础上 Emerson 等扩展形成的协同治理综合框架。

Ansell 和 Gash（2008）对协同治理的现有文献进行了 Meta 分析，阐述了协同治理的权变模型（contingency model of collaborative governance）。在回顾了 137 个不同国家一系列政策领域的协同治理案例之后，他们提出协同治理是多个利益相关者参与的集体决策过程，该过程是以共识为导向的，具体包括初始条件（starting conditions）、催化领导（facilitative leadership）、制度设计（institutional design）、协同过程（collaborative process）和产出及结果（outcomes）。前四个要素是产出和结果的影响因素，因而在具体研究中，学者们也将该框架称为 SFIC 框架。框架的核心是协同过程，由权力、资源和信息不对称以及冲突或合作的历史形成的利益相关者参与激励作为初始条件，与催化领导及制度设计一起形成协同过程有效发生的支撑因素。另外，他们还确定了在协同过程中一系列至关重要的因素，包括面对面的对话、建立信任、发展承诺和达成共识。当致力于实现加深信任、承诺和共同理解的"小赢"时，协同过程会形成良性循环。然而，该框架将协同治理置于一个封闭的环境中，没有考虑外部环境的影响。

在此基础上，Emerson 等（2012）在综合一系列概念模型、研究结果和实践知识的基础上，扩展形成协同治理综合框架（Integrative Framework for Collaborative Governance，IFCG）。其一，该框架是一个集成框架，对协同治理的定义更为宽泛，确定了一些通用变量集以及这些变量之间的关系。其二，该框架是一个综合框架，融入了协同治理的众多要素，从系统情境和外部驱动因素到协同动力、协同行动、影响和适应，并将要素有机关联。其三，该框架是一个多层次框架，实现了系统情境与协同治理的有机整合，并提出了一些具体的因果联系，从而能够进一步分析协同治理的内部动力和治理效果及产出之间的因果路径机制。其四，该框架是一个一般性框架，融合了公共行政、规划、冲突解决和环境管理的概念，因而在多个学科中被广泛应用。协同治理综合框架如图2-2 所示，协同治理的诊断和逻辑模型如表2-3 所示。

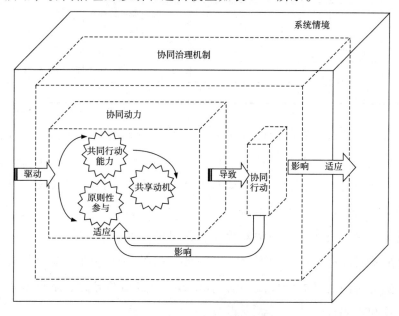

图 2-2　协同治理综合框架
资料来源：Emerson 等（2012）提出的框架原图。

表 2-3　协同治理的诊断和逻辑模型

| 维度和组成 | 系统情境 | 驱动 | 协同动力 | | | 产出 | 协同结果 | 适应 |
			原则性参与	共享动机	共同行动能力	协同行动	影响	
元素	资源条件	领导力	发现	相互信任	程序和制度安排	取决于情境和CGR变化，可能包括获得认可，制定政策、法律法规，配置资源，部署人员，选址和许可设施，建立或清理，执行新的管理实践，监控实施，强制执行	取决于系统情境和CGR变化，但目标是在系统情境中改变预先存在或计划的条件	系统情境改变
	政策法律框架	结果激励	定义	相互理解	领导			协同治理机制改变
	先前未能解决的问题	相互依赖	审议	内部合法性	信息			协同动力改变
	政治动态/权力关系	不确定性	决定	共同承诺	资源			
	网络连接							
	冲突/信任水平							
	社会经济/文化健康和多样性							

在该框架中，协同治理是在由一系列政治、法律、社会、经济、环境和其他因素组成的系统情境（system context）中展开的。系统情境不仅静态表证初始配置状态，更动态耦合空间维度上的时变参数，形成具有时空约束特性的治理演化基底。因为外部条件，如选举、经济衰退、极端天气情况或新颁布的法规等，不仅可能在协同治理机制开始时，而且会随着时间推移影响协同动力及绩效。另外，这些情境因素塑造了鼓励或阻碍协同的开始条件或驱动（drivers），包括领导力、结果激励、相互依赖和不确定性。

该框架的核心贡献是厘清了协同治理机制（Collaborative Governance

Regime，CGR）中协同动力（collaborative dynamics）三个要素之间的互动效应以及动态关系，并确定了对治理绩效至关重要的影响因素。协同动力是一个要素之间相互促进的良性循环，原则性参与（principled engagement）涉及发现共同目标、定义团队规则和角色、审议各种选项以及决定适当行动方案的迭代过程。通过这个迭代过程，协同伙伴可以形成共同的目标感和实现该目标的共同行动能力。协同理论和实践表明，原则性参与使得决策更具公平性、持久性、稳健性和有效性。有原则地参与是为了促进和维持共享动机（shared motivation），共享动机被定义为自我强化的循环或周期，由四个因素组成：相互信任、相互理解、内部合法性和共同承诺。共享动机强调了协同动力的人际和关系因素，在已有研究中也被称为社会资本。共同行动能力（capacity for joint action）经常被当作协同基础的民主原则进行讨论。借鉴 Saint-Onge 和 Armstrong 对行为组织能力的定义，共同行动能力被视为"跨职能要素的集合，这些要素共同构成了采取有效行动的潜力"，并充当"战略与绩效之间的联系"。在该框架中，共同行动能力被概念化为四个必要要素的组合：程序和制度安排、领导、信息以及资源。

协同行动（collaborative action）是解决问题过程中的主要结果，有时将其等同于影响，取决于情境和协同治理机制的变化，可能包括获得认可，制定政策、法律法规，配置资源，部署人员，选址和许可设施，建立或清理，执行新的管理实践，监控实施，强制执行。原则性参与、共享动机和共同行动能力的动态互动是导致协同行动和协同结果的因果机制。

协同治理机制产生的影响（impacts）很难操作化，部分原因是文献中关于协同的影响、效果、产出或结果的混淆。在该框架中，影响取决于系统情境和协同治理机制的变化，目标是在系统情境中改变预先存在或计划的条件。影响可以是环境的、社会的、经济的或政治的，可以是具体的、离散的和短期的，也可以是广泛的、累积的和长期的。

协同治理被倡导，是因为其有可能改变复杂情况或问题的背景和情境。协同治理最重要的结果之一可能是改变复杂、不确定、不断变化的情况的方向，并帮助社区向更高层次的社会和环境迈进。在该框架中，将潜在的变革性变化识别为适应协同治理机制要素所带来的影响。此外，该框架还提出了协同治理机制本身的适应潜力，可能是由于系统情境的改变而间接发生的，也有可能是直接基于对协同行动和影响所感知到的有效性而做出的反应。

理解协同要素对协同结果和产出的实证影响，为公共管理者提高绩效和实现目标提供了指导。源于该框架的理论命题通过工具性系统方法，开始构建协同治理的通用预测理论，这些理论假设需要进行检验、验证以及修订。此外，尽管该框架包含许多交互的组成部分和要素，但并不是所有要素都是必需的，需要更多的研究来发现哪些关系在什么情境下至关重要，也就是说研究人员需要确定协同结果所需要的时间、地点、原因以及要素。因此，已有协同治理综合框架研究主要侧重于测量框架中的维度、组成部分与核心要素，未来研究应集中在开发和检验与构成要件及其因果关系相关的具体模型和假设上。

（三）协同治理价值取向

协同治理理论在学术研究中得到重大发展，从最早集中于如何利用私人或公司部门的专业知识提升公共部门的绩效，到对协同治理机制的深入探讨，究其原因，主要在于协同治理理论具有独特的价值。国外研究者的探讨主要集中在：一方面，面对日益复杂的公共问题，协同治理作为一种结构化制度安排，有助于提升公共治理的有效性；另一方面，能够有效促进公众参与，从而对民主重建具有积极影响。国内研究者将协同治理的价值总结为：一是公共管理的新策略和创新之道，是"善治"理论3.0版本；二是建设服务型政府的助推器，契合服务型政府的价值理念，能够实现公共利益最大化；三是培养民主意识、提升民主能力的新驱动，能够增进利益表达，推动公众参与（田玉麒，2017）。

协同治理是对传统公共治理理论如整体性治理和网络治理的发展与超越，相较于整体性治理和网络治理等传统公共治理理论，协同治理更强调治理主体的互动性、治理过程的有序性以及治理结果的有效性，具有观念引导、方法论指导以及可操作性的功能和优势（李辉、任晓春，

2010）。具体而言，其一，整体性治理聚焦于政府内部，催生了整体性政府以有效改善和治理"碎片化"问题；网络治理将政府和社会置于同等地位，是一种高度理想化的治理理论；协同治理既强调发挥政府主导作用，又主张调动社会积极性。其二，网络治理中社会组织和社会公众多为象征性参与，并非实质性参与，可能导致政府公信力的缺失，而协同治理中是"真正有效参与"；网络治理中的"网络"是一种非常松散并且不稳定的组织状态，而协同治理中协同各方之间的关系更为紧密且正式（田培杰，2014）。其三，相较于网络治理等多中心治理形式，协同治理更强调多元治理主体间的互动性。多中心治理赋予了政府之外的治理主体合法性，但也蕴含治理分散化的潜在风险。协同治理强调尊重各治理主体的功能优势以及治理权威，既有利于发挥各自优势，保障治理自主性，又能实现优势互补，形成协同效应（田玉麒，2017）。

（四）协同治理应用与实践

在国外研究中，协同治理理论被广泛应用于公共服务及公共治理绩效研究，特别是在生态环境、自然资源、社会排斥、健康不平等等领域，关于协同治理综合框架中协同治理机制绩效的实证研究发现，对破解协同互动"黑箱"具有重要指导意义。2015年，一项海洋和淡水生态恢复系统的多案例研究发现，协同动力降低了交易成本，这反过来有助于形成和加强协同治理机制中的组织与其他网络中的组织之间的联系（Scott and Thomas，2015）。另一项综合性研究中，Ulibarri（2015a）发现了协同动力三个要素之间的强化关系，以及它们对决策、参与者满意度和感知绩效的影响。在与之相关的另一项研究中，Ulibarri（2015b）比较了三种不同的案例，它们对协同动力的评价分别为高、中和低，并发现报告的环境决策质量存在显著差异。Emerson（2018）则验证了在人口与公共健康领域，协同治理是解决弱势群体"污名化"和歧视问题的有效路径。

在国内研究中，公共危机管理和公共服务供给是讨论协同治理最为集中的两个领域。在公共危机治理中，危机频发导致政府治理力不从心。何水（2008）提出，在转型期的中国，有效治理公共危机极为重要，而当前我国危机管理落入了"国家或政府中心论"的窠臼，需要以协同治理理论为指导，转变传统危机管理范式，包括管理理念、管理体制和管理方式的相应转变。沙勇忠和解志元（2010）在中国语境下，指出公共危机协同治理亟须转变治理理念、建立网络结构、塑造整合机制并培育社会资本。葛笑如（2015）将协同治理应用于农民工职业风险治理之中，认为在社会危机管理中，以政府为中心的治理模式已不适应复杂多变的风险社会环境。在公共服务供给中，政府垄断性的公共服务供给模式逐渐失灵，学者们开始提出公共服务的协同供给。方堃（2009）借鉴协同治理理论，基于对理论和实践两个维度的分析，提出在我国城乡统筹、公共服务一体化的发展趋势下，农村公共服务供给的理想模式是"政府主导+社会协同"。

四 研究评述

国内对社会风险管理的研究还处于起步阶段，借鉴国外研究中风险社会推动社会风险管理走向适应性协同治理的基本趋势，学界对社会风险协同治理开展了深入探讨，明确了协同治理的理论及实践优越性，但社会风险协同治理的运行机制仍不清晰。

首先，尚未形成中国语境下符合风险社会要求的社会风险管理体系。相较于传统社会环境，风险社会中风险的高度复杂性和广泛影响性，使得以国家和政府为主导的传统治理陷入失灵困境（童星、曹海林，2012）。具体而言，风险社会视域下公共治理在实践中遭遇下列困境。一是风险对象识别模糊性，尚未建立系统的风险评估体系，使得风险识别流于形式，无法精准捕捉风险治理对象。二是风险响应举措被动性，风险治理参与主体对治理举措的响应、参与度和学习性均有待提升，特别是公众和社会组织协同政府参与风险治理的氛围尚未形成。三是风险参与主体分散性，传统风险治理中政府往往是主要掌舵者，强调自上而下的"单中心"治理，基层社区自组织能力发挥不充分，基层公众不能广泛参与到风险减缓、准备、响应、恢复和重建等治理实践环节中去（何继新、荆小莹，2018）。基于上述困境分析，风险治理需要突破政府主导的一元化公共治理模式，建立多元利益相关者共同参与的公共治理机制。概言之，现代社会风险治理，需要从以政府为单一主体的管理走向政府与社会的协同治理，并坚持微观治理与宏观建构相结合的原则。

其次，已有研究多集中于对风险协同治理机制的静态解析，缺乏对动态过程的关注，尚未建立起中国语境下的社会风险协同治理框架（李婷婷，2018）。在中国快速的社会转型期，社会风险呈现复杂性、动态性、内生性和公共性等特征，要求必须建立基于风险全生命周期的动态治理机制，构建具有普适性的理论框架。在构建框架过程中，不仅需要涵盖治理的构成要素，还需要厘清治理的动态路径，最终形成一个动态化、循环性的全过程、全要素的社会风险协同治理框架。该框架是工具性的，核心是打开协同治理机制的运作过程，将其解构为与风险治理相对应的环节与阶段。

最后，现有研究侧重于对风险协同治理的概念阐述、理论建构和范式推演，但多为应然性研究，相关实证探索还十分不足（杨开峰等，2021）。在社会风险的治理研究中，不仅需要知道一种治理机制是否有效，更需要知道它为何有效以及在什么条件下有效，因而需要深入探究其间的因果关系及其运行的情境差异。一方面，缺乏对协同治理机制的实证检验。协同治理机制是一个系统的动态过程，对构成要素之间的互动关系及产生的结果还有待进一步深入研究。另一方面，对协同治理现实情境的界定不够清晰。现实情境对协同治理机制具有塑造作用，不同情境下协同治理机制的运行过程及效果均存在差异，情境差异的比较分析还有待进一步讨论。

第四节 小结

本章通过对已有研究的系统回顾与梳理，总结出性别失衡的社会风险与治理研究以及社会风险协同治理机制的理论研究的进展和不足，找出了本书的研究空间。总的来说，目前对性别失衡的社会风险治理的理论及实证研究均十分有限，尚未形成中国情境下符合风险社会要求的有效治理机制。

第一，适应性协同风险管理框架与协同治理综合框架的理论耦合，以及二者耦合形成的社会风险协同治理概念模型在性别失衡的社会风险治理研究中的适用性还有待验证。在建构性别失衡的社会风险协同治理机制过程中，治理要素的情境化分析、各要素之间的因果关系等还存在进一步扩展的空间。

第二，已有关于性别失衡治理的研究多将政府视为治理的唯一主体，探讨其治理结构、治理工具以及制度环境等治理要素对治理绩效的影响机制。在高风险社会中，面对矛盾纠纷激化和利益诉求多样化，政府治理存在明显的失效风险和脆弱性。快速的社会发展与转型增强了社会公众的主体意识，加上性别失衡的社会风险所呈现的高度复杂性、后果严重性和广泛影响性，推动了社会公众积极参与性别失衡的社会风险治理。现有研究虽已关注多元主体互动在治理中的作用，但如何互动以及互动的效果如何仍然鲜有研究。

第三，对应治理主体的单一性，政府在性别失衡治理方面存在绩效评估及管理方面的盲点。已有研究多将治理工作人员的职务绩效以及工作满意度作为过程绩效，将出生性别比以及治理客体的男孩偏好作为结果绩效，缺少以公众为主体和中心的主观绩效评估，并且对治理过程有效性的关注不足。

第四，缺乏对性别失衡的社会风险的全面系统性评估和整体性把握，无法形成不同风险水平下具有差异性的治理机制。已有关于性别失衡的研究主要集中于人口性别结构的识别、模式以及原因探讨，对后果和风险的关注不足且研究较为松散。风险社会的共时性和遍及性特点为性别失衡治理提出了社会风险扩大、风险涉及人群多样化以及社会保障需求增多等挑战。性别失衡的社会风险既是治理的现实情境，又是治理的目标。科学研判性别失衡的社会风险态势是治理的前提，治理主体对性别失衡的社会风险认识不足、认识不清，使得治理无的放矢，可能在极大程度上降低治理效果。

第三章　性别失衡的社会风险协同治理
机制分析框架的构建

为研究性别失衡的社会风险协同治理机制，首先需要深耕理论基础，以构建分析框架。第一步，论证社会风险治理引入协同治理理论的必要性，对适应性协同风险管理框架与协同治理综合框架进行理论耦合，确定社会风险协同治理的核心要素，构建出社会风险协同治理的概念模型。第二步，结合性别失衡的社会风险治理的现实情境，分析社会风险协同治理概念模型的适用性，构建性别失衡的社会风险协同治理机制分析框架，并阐述框架的构成维度和内在关联。第三步，提出性别失衡的社会风险协同治理机制分析框架验证策略，依循性别失衡的社会风险评估、性别失衡的社会风险沟通以及性别失衡的社会风险应对的逻辑顺序进行检验，为后续实证研究奠定理论基础。本章的研究思路如图3-1所示。

第一节　社会风险协同治理的概念模型

一　社会风险治理引入协同治理理论的必要性

（一）中国公共治理的发展需要

目前国内研究中，已有大量学者验证了协同治理在中国公共治理中的理论适用性以及实践适应性。

郑巧和肖文涛（2008）分析了协同治理在中国公共治理中实现的可

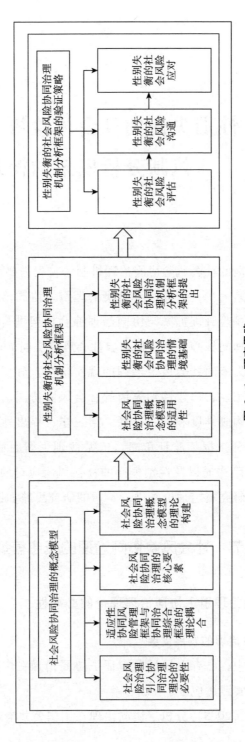

图 3—1 研究思路

能性和必要性，为引入协同治理奠定了理论基础。张振波（2015）从协同治理的生成逻辑出发，指出新公共管理涵括协同治理的内在语义，协同治理不仅是对国家与社会关系嬗变和重塑的应然诉求，更是后工业社会主体性强化和公共性扩散的必然结果。徐嫣和宋世明（2016）探讨了协同治理在中国的适用性问题，指出尽管我国实施协同治理的条件还不够充分，但协同治理是大势所趋，是建设中国特色社会主义的内在要求。郭道久（2016）论证了协同治理是满足中国现实需求的治理模式，协同的理念契合当前中国社会治理从政府单一主体走向多元治理、政府实际发挥主导作用的现实，强调多元主体按照一定的规则发挥各自的特定作用。燕继荣（2013）基于国家与社会关系的理论思考，提出协同治理是新时期我国公共管理和社会治理创新的必然方向。

在上述理论适用性分析的基础上，还有一些学者利用协同治理理论在府际合作、生态环境保护和污染治理、社会危机管理等领域开展实证研究（Xu and Wu，2020）。已有研究发现协同治理在中国宏观公共事务管理中已经显示出了其有效性，可以有效解决诸如大气污染治理和水流域治理中存在的"搭便车"以及信息不对称等难题。另外，协同治理通过增进公共服务供给与受益者之间的匹配性，有助于提高公共服务的效益并增强其可持续性，是增强地方政府问责性与回应性的关键（张紧跟，2014）。在基层治理中，如社区养老等领域也有许多成功的实践与探索案例，显示了协同治理较强的生命力。

（二）中国社会风险治理的发展需要

在现实层面，社会风险的现实诉求拉动了治理体系的变动与调整，协同治理是在现实压力下传统风险管理体制的自我革新。我国的社会风险治理体系一直相对封闭，政府垄断的单中心体制无法适应多元复合的风险社会情境。由于政府有限的治理能力，以政府为唯一主体的风险管理无法有效回应社会风险的现实诉求，弊端逐渐显现。协同治理是在转型期风险社会的现实情境中应运而生的治理理论，是社会风险治理创新的现实需求。社会风险源于社会，风险治理应从社会寻求解决之道。协同治理以问题解决为导向，将公共权力由单一治理主体向多元利益相关者渗透，通过资源互补和信息共享，能够实现风险共担，最终建设共建共治共享的风险共同体，因而成为化解政府风险治理低效和失灵的基本路径（金太军，2011）。

在理论层面，社会风险治理的价值锚点在于以人为本。风险的脱域性和系统性，要求利益攸关方协同合作、共同抵御风险，这与协同治理的理念不谋而合（何继新、荆小莹，2018；李建国、周文翠，2017）。协同治理适用于分析复杂系统中的棘手问题，因而适用于社会风险治理。具体而言，从价值理性层面来说，在社会风险引发多重价值冲突的背景下，利益诉求多样性推动治理多元化，协同治理通过培育公共性形塑风险治理的价值基础；从工具理性层面来说，复合社会风险的变化要求治理机制更加灵活，强调其动态适应性，协同治理通过整合公共利益减少风险发生的诱因。风险治理走向协同治理，要将协同治理的核心内容和理念融入风险及其相关决策中。因此，风险感知与社会风险放大等社会和心理因素，多元利益相关者和公众参与及信任等治理因素都逐渐被纳入风险治理框架和机制之中（郑石明、吴桃龙，2019）。

二 适应性协同风险管理框架与协同治理综合框架的理论耦合

本书的理论基础是社会风险管理理论与协同治理理论，适应性协同风险管理框架（见图2-1）是社会风险管理理论的最新发展，协同治理综合框架（见图2-2）是最具代表性的协同治理机制模型。在上述社会风险治理引入协同治理理论必要性分析的基础上，本节从理论内涵及路径机制两个方面对适应性协同风险管理框架与协同治理综合框架进行理论耦合。

从理论内涵来说，风险管理与协同治理的内在逻辑具有一致性。其一，二者在主体结构、机制性以及目的性上存在逻辑同构。二者均为多元利益相关者通过不断沟通与协商，采取联合行动，解决分歧和处理冲突的持续过程。其二，二者能够相互借鉴，实现功能互补。风险的高度不确定性，决定了风险管理是一项复杂的系统工程，需要充分发挥多元主体的作用（张丽娜、孙书琦，2021），以实现政府与社会协同共治、优势互补，因此，协同治理构成了风险管理的根本内在动力。

从路径机制来说，适应性协同风险管理框架与协同治理综合框架中的"协同"存在逻辑上的共通之处，二者存在耦合的可能。经济合作与发展组织（OECD）提出了"结构-过程"模型，该模型能够有效解释"协同是什么"这一基本命题。协同治理机制包括结构性机制（structural mechanisms）和过程性机制（procedural mechanisms）两类。结构强调组织包容性参与，培养信任，发展对问题的共同理解，建立对集体目标和行动的承诺，以及制订正式的预先计划或紧急计划，过程则是这些结构内容的运行状况及运行逻辑（吴建南等，2020）。适应性协同风险管理框架提供了社会风险治理的过程性机制，而协同治理综合框架则提炼了协同治理的核心要素，提供了结构性机制（Bryson et al.，2015）。

适应性协同风险管理框架与协同治理综合框架互为补充、相互促进，二者的理论耦合框架如图3-2所示。适应性协同风险管理框架是理论出发点，该框架提供了风险管理过程或生命周期视角，明确了风险管理是"风险评估→风险沟通→风险应对"的全过程，协同作为核心属性贯穿始终，但该协同更多的是风险信息在协同主体间流动而形成的风险沟通，缺乏对具体要素的界定。协同治理综合框架是理论基础架构，对于协同结构及关系的界定可以为适应性协同风险管理提供坚实的理论补充。协同治理综合框架描述了风险场域下协同治理的结构性安排，"协同驱动→协同动力→协同效果"的协同机制实现了与适应性协同风险管理的逻辑同构和扩展补充，确定了社会风险协同治理机制的核心要素以及要素之间的因果关系，决定了框架的主导属性和基本逻辑。

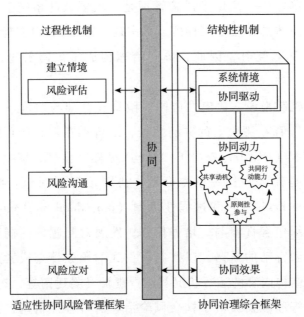

图 3-2　理论耦合框架

　　按照"动因—过程—结果"的思路，协同治理综合框架呈现的是从协同驱动到协同动力再到协同效果的动态过程，这是框架的主脉络，对应适应性协同风险管理框架中从风险评估到风险沟通再到风险应对的治理全流程。换言之，协同治理综合框架从理论上明确并扩充了适应性协同风险管理框架中的要素和结构。随着风险管理过程的发展，"协同"理念的契合性使得风险治理过程与协同治理机制相对应，形成了社会风险协同治理的基本逻辑："风险评估—协同驱动机制、风险沟通—协同动力机制、风险应对—协同效果机制"。机制是指协同治理的运作过程，因此，协同驱动机制、协同动力机制以及协同效果机制均既有静态来源，又有动态过程的含义。实现社会风险的协同治理，上述三大机制缺一不可（陶国根，2008）。

　　具体而言，首先，风险治理是一种压力状态的持续过程，风险评估是风险管理的起点，开展风险治理首先需要明确社会风险的水平和类别。随着一个问题变得越来越不合理和模糊，有必要对风险进行系统评估。一方面，社会风险的复杂性和严重性能够促进利益相关者参与，推动协同治理的实现；另一方面，界定出社会风险水平，可以确定风险治理机制运行的场域和情境。协同治理同样是由其嵌入的系统情境所驱动的，系统情境构成协同治理的起始条件，可能促进协同的运行，也可能阻碍协同的发展。因此，风险评估确定社会风险水平，对应协同治理机制运行的系统情境，构成了协同治理的驱动机制。

其次，从外在型"风险管理"到内生型"风险治理"，风险治理将风险沟通置于核心位置。风险沟通是风险治理的内在动力，内在地联结各个行动者和治理情境及治理结果。协同动力同样是协同治理的核心，界定了协同治理的主体结构以及主体间合作共治的实现方式，是推动协同治理机制有效运转的引擎。从本质上来讲，风险沟通和协同动力均是对治理过程的描述。风险沟通是多元主体协同互动的过程（牛春华、江志欣，2020），即政府与社会公众之间的动态交流过程，明确了多元主体间如何协同，因而对应协同治理的动力机制。

最后，风险管理和协同治理均是结果导向的，风险应对是风险管理的最终环节，是对风险管理效果的整体评估。协同效果同样是协同治理的终点，是对协同治理机制运行效果的系统评价。风险应对以及协同效果均是对治理过程所产生的结果的描述，因此，风险应对对应协同治理的效果机制。

三　社会风险协同治理的核心要素

根据上述分析，协同治理综合框架是社会风险协同治理的基础架构。本书将利用该框架的理论优势和贡献，结合中国社会转型期社会风险治理的过程与现实情境分析，有重点、有目的地从原始整体框架和概念模型中明确社会风险协同治理的构成要件并提取核心要素。具体分析如下。

第一，针对协同驱动，转型期风险社会构成了社会风险协同治理的现实情境和初始条件，协同治理机制的启动和运行都依存于该现实场域。一般而言，协同治理的系统情境由一系列政治、法律、社会、经济、环境和其他因素组成，但协同以结果为导向，是针对某种问题而产生的，因而具有特定情境。一个关键时刻通常会被事后定义为一个路径依赖的因果过程的起点，大量研究将某些外部冲击，如战争、大萧条等作为治理机制的起点（Falleti and Lynch，2009）。因此，社会风险协同治理的驱动机制是其所处的风险社会。

第二，针对共同行动能力，本书将其识别为政府治理能力。一方面，从理论上讲，社会风险治理需要权威，政府是协同治理的主导和核心力量。在协同治理综合框架中，领导作为共同行动能力的核心要素，其重要性已得到广泛验证。协同治理要求培养领导的多重角色，某些角色从一开始就必不可少，其他角色在商议或冲突时刻更为关键，而另一些角色则在协同过程中发挥重要作用。另一方面，在中国风险社会的现实情境中，社会主体发育尚不成熟。出于有效治理的需要，政府在发挥主导作用的同时，还应该提供渠道和平台，促进社会主体发挥作用，从而构建政府与社会之间的协同关系。当前我国社会风险治理创新的实质是多元主体之间的合作行为以及协同关系的形成，而政府治理能力的目标是构建上述行为及关系并促进其发展和深化（刘波等，2018）。

第三，针对原则性参与，本书仅关注公众参与的原则及行为，暂不考虑企业、非政府组织等其他利益相关者的参与。原则性参与会随着时间的推移而发生，并且可能在不同的时间点包括不同的利益相关者。协同治理与公众参与之间存在逻辑同构，其动态性和多元性打破了公众参与的壁垒（杨清华，2011），为公众参与的发展和完善提供了一个新的契机。在风险社会中，公众是承受社会风险最基础的层级，是最直接的利益相关者，具有强烈的参与治理的意愿和动力。公众参与本质上是社会自组织能力的体现，能够弥补政府失灵、减轻政府压力。公众作为社会风险治理的基础性力量，不能有效参与治理，将使得治理丧失协同基础，最终影响治理绩效。因此，只有充分发挥社会公众的作用，相信人民群众，才能够增强风险治理的稳定性和有效性（范如国，2014）。公众参与是社会风险协同治理的关键要素。

第四，针对共享动机，本书关注相互信任和相互理解，暂不考虑内部合法性和共同承诺。相互信任是共享动机循环中的一个初始要素，即信任产生相互理解，进而产生合法性和最终承诺。几乎所有协同治理领域具有较大影响力的学者都将信任视为协同过程的必要环节，协同治理与信任具有密切的内在关联。协同治理强调各主体间的合作，而社会资本使得公众有合作、理解并产生共鸣的倾向，因此协同过程强调关系建立和信任等无形因素或社会资本（Keast et al.，2004）。另外，将信任产生这种结果的机制概念化，信任使人们能够超越个人、制度和管辖范围，理解他人的利益、需要、价值观和制约因素，因而有助于降低交易成本、减少复杂性和冲突，维护关系稳定，构建行动秩序（Ostrom，2000），而这些正是风险治理的重要方面。因此，建立信任是社会风险协同治理最突出的方面，无论是政府信任还是社会信任均发挥着重要作用（Ma and Christensen，2019）。

第五，针对协同效果，本书将协同行动、影响和适应统一作为协同结果识别为治理绩效，治理绩效评估是检视协同治理机制运行是否有效的必然要求。绩效就是在一定时间内以协同方式实现的结果，为实现对绩效的分析性处理，Dubnick（2005）通过大量文献综述强调绩效包括所执行动作的质量以及由于这些动作而实现的结果的质量，即治理的可持续结果和最终结果或过程绩效和结果绩效。

四　社会风险协同治理概念模型的理论构建

基于上述适应性协同风险管理框架和协同治理综合框架的理论耦合分析，以及社会风险协同治理的核心要素识别，本书采用整体性协同视角，构建中国社会转型期社会风险协同治理概念模型，具体如图3-3所示。该模型是由主体协同、层级协同以及过程协同构成的三维立体模型，即由三个"小协同"组成的一个"大协同"系统。第一，主体协同。该模型强调政府与社会之间的协商互动，能够将国家治理顶层设计与基层治理公众参与相结合。政府与社会风险共担、协同互动，形成治理合力，能够促使集体利益的公共性与多元利益的异质性共存。第二，层级协同。该模型按照风险的社会放大机制，将宏观社会风险、中观社区风险以及微观个人风险相联结，形成风险社会、协同治理机制以及构成协同治理机制的协同驱动、协同动力和协同效果三个层次。第三，过程协同。该模型按照风险管理过程将社会风险协同治理机制明确为对应风险评估的协同驱动机制、对应风险沟通的协同动力机制以及对应风险应对的协同效果机制三个部分。该模型既可以指导一般意义上的社会治理问题分析，也可以为公共部门进行社会风险治理提供思路，具体分析如下。

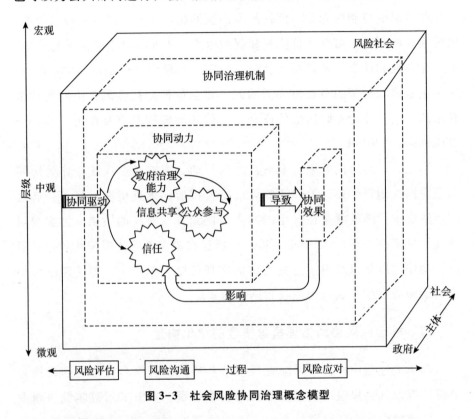

图 3-3　社会风险协同治理概念模型

（一）协同驱动机制

转型期各种社会风险相互交织、叠加而形成的风险社会，构成了社会风险协同治理的系统情境。协同治理机制镶嵌于风险社会情境之中，系统情境在全过程上与协同治理机制进行着能量交换。风险社会中的社会风险形成了协同激励与约束，也是协同治理的驱动机制或前情系统。全面系统的风险评估是有效消减、控制社会风险，确定风险管理目标，确保风险管理活动有序开展的基础性依据和必要条件。

（二）协同动力机制

协同动力是由政府治理能力、公众参与和信任形成的动态循环，而社会风险的复杂性和公共性，要求治理系统内部进行持续的信息交换。信息共享在风险治理中至关重要，被认为是"最正确的对策"，何文盛和李雅青（2020）提出信息共享构成了协同治理机制的核心动力。为培养公民理性、降低公众风险恐惧感、增强行动一致性以及社会凝聚力，有必要在多元主体间构建一种信息共享的交流方式。有鉴于此，本书引入信息共享这一要素，政府治理能力是协同动力运转的基础、公众参与是前提、信任是支撑，而信息共享则是三者结合的"润滑剂"。因此，本书通过以政府治理能力和信息共享为核心的刚性机制和以公众参与及信任为基础的柔性机制相结合，刚柔并济共同构建出协同动力的整合机制。

协同动力四个要素紧密关联、相互影响，首先，关于政府治理能力和公众参与，薛澜等（2015）提出在现代国家构建的理论研究中，国家治理能力和民主化程度是两个重要的分析维度。一方面，国家治理能力是确保民主参与的前提条件及重要保障，"如果国家缺乏监督决策以及确保政策有效执行的能力，那么任何民主都不能运作"；另一方面，公众参与依赖于政府资源和能力，"推动民主参与是增强国家治理能力的应有之义，国家治理是开放的政府管理与广泛的公众参与相结合的一种公共事务管理模式"（薛澜等，2015）。其次，关于公众参与和信任，在社会风险协同治理中，多元主体参与能够实现多元化利益和价值的碰撞与协调，增进公众对政府的理解与支持以及对他人的期望和信念，从而提升公众的信任水平。反过来，信任作为最重要的社会资本，是协同合作的先决条件，能够抑制机会主义行为，降低交易成本，从而营造良好的公众参与氛围。再次，政府治理能力和信任存在密切的内在关联。根据制度主义范式，信任是严格内生的，政府治理能力是信任建立的关键根源，政府治理能力的提升会提高信任水平（芮国强、宋典，2012a）。根据社会资本理论，政府治理的社会基础是公众对政府治理的支持程度，即政府治理的合法性程度，而信任是政府治理能力的合法性基础和支撑，信任通过合法性嵌入政府治理能力之中，从而有助于促进政府治理能力的提升（孔凡义，2009）。最后，社会风险协同治理强调信息的重要性，在信息不对称和缺少沟通协调的情形下，多个行动者追求自身利益的行为会导致治理的低效甚至无效（Feiock，2013）。信息共享是协同治理的内生机理，能够有效缓解有限理性并制约机会主义行为，是推动协同治理的重要动力和必备的政策工具。

（三）协同效果机制

协同效果是协同治理的输出机制，是协同动力运转产生的结果和影响。已有研究表明，协同治理的产出与协同机制的产出具有同质性，协同效果是社会风险协同治理机制的终点，是检视协同治理机制有效性的根本标准，也是判断协同治理是否有效的基本依据。协同治理机制构成要件之间的非线性互动，直接关乎协同治理的成败及可持续运转。协同效果具有序列的多样性以及层级的广泛性两个基本特点，在序列上表现为短期的、中期的和长期的，在层级上表现为宏观层面、中观层面以及微观层面。随着治理及绩效理论的发展，进入 20 世纪 90 年代后，治理效果的重点就在于公共服务的质量和效率，且开始重视主观治理绩效评估的重要性（梁昌勇等，2012；刘玮等，2019）。

第二节　性别失衡的社会风险协同治理机制分析框架

本节在人口性别结构失衡的现实背景下，对上述社会风险协同治理的概念模型进行情境适用性分析，并针对具体问题对其进行修正和改进，以构建中国性别失衡的社会风险协同治理机制分析框架。首先，阐述社会风险协同治理概念模型的适用性；其次，分析性别失衡的社会风险协同治理的情境基础；最后，提出性别失衡的社会风险协同治理机制分析框架。

一　社会风险协同治理概念模型的适用性

（一）社会风险协同治理概念模型与性别失衡的社会风险治理的契合性

中国性别失衡的社会风险问题的复杂性、多层次性和非结构化催生出一种以多视角、非线性、系统性和跨学科为主要特色的新的性别失衡的社会风险治理研究范式（李树茁等，2009）。协同治理理论与复杂系统理论具有内在的契合性，能够揭示社会问题复杂性产生的内在机理及规律（范如国，2014）。性别失衡的社会风险的整体性和流动性，为区域、城乡的互动提供了条件。性别失衡的社会风险治理是一项"跨域"（boundary-spanning）公共事务，单靠一个行为者无法完成，需要多个利益相关者之间的合作（Song et al.，2021）。因此，性别失衡的社会风险是需要政府与社会共同关注的复杂公共问题，其治理的逻辑起点是将外部性内化，而协同治理是扩大正外部性并阻滞负外部性扩散的有效途径，并且"跨域"同样是协同治理的核心优势（Kettl，2006）。因此，社会风险协同治理对于分析性别失衡的社会风险具有很强的恰切性，能够为性别失衡的社会风险治理研究提供一种非常可取的新范式，在强调政府责任的同时，充分发挥多元主体参与和社会联动的优势，可以有效降低人口风险（汤兆云，2010）。

根据社会风险放大机制，性别失衡的社会风险治理应该围绕"转型社会高脆弱性的风险催化、信息传导机制的价值阐释、公共反应机制的心理共鸣和基于人口流动和弱势地位的规模化"四级放大途径开展（刘慧君、李树茁，2010b）。具体而言，性别失衡的社会风险治理的核心要素包括政府应对、公众反应和信息流动。政府应对是基础，提高性别失衡地区社会风险抵御能力，要求政府加强制度保障、完善相关政策并整合各类资源。公众反应是关键，为及时、高效地应对性别失衡的社会风险，需要做好群联群防工作，为群众参与风险治理提供合作平台。信息流动是桥梁，为遏制性别失衡的社会风险的扩散与放大，需要畅通信息网络，实现信息的交流与共享。信任是支撑，为降低性别失衡的社会风险导致的大规模社会恐慌，需要引导公众形成准确的风险认知，提升信任水平。上述要素正是协同治理的题中之义，因此性别失衡的社会风险治理与社会风险协同治理理论高度耦合。

根据协同治理"不确定性→个体失败→集体倾向→协同治理"的生成逻辑（金太军、鹿斌，2016），长期人口性别结构失衡以及相关后果和风险的累积通过风险放大机制，导致社会风险加剧、政府治理乏力或失效，推动了社会治理模式重构，催生了协同治理。性别失衡的社会风险与协同治理的关联性呈现"人口性别结构失衡→性别失衡的社会风险→政府治理失灵或低效→协同治理"的总体思路与逻辑。

（二）社会风险协同治理概念模型对于研究性别失衡的社会风险治理的可行性

上述分析阐明了性别失衡的社会风险需要协同治理，性别失衡的社会风险协同治理就是政府与社会为了将性别失衡的社会风险的影响最小化，而开展的内聚性合作行为，既与政府机构等正式利益相关者执行的决策相关，也与个人或家庭等非正式利益相关者采取的行动相关。但"怎样协同"、"协同效果如何"以及"是否存在情境差异"等问题尚没有答案。社会风险协同治理概念模型是一个具有普适性、包容性和高度弹性的综合框架，能够为系统研究性别失衡的社会风险治理提供理论基础。该模型揭示了协同治理的"黑箱"，深入剖析了协同治理机制的内部构成，能够有效回答"协同治理在什么条件下如何运行才能够取得最优效果"。

在具体研究路径上，社会风险协同治理概念模型具有其他框架无可比拟的优势。一方面，社会风险协同治理概念模型将风险社会、协同治理机制及其构成均纳入进来，弥补了已有研究单一视角割裂性分析的不足，能够实现对性别失衡的社会风险治理的系统性和整体性分析；另一方面，社会风险协同治理概念模型将协同治理解构为风险评估-协同驱动机制、风险沟通-协同动力机制、风险应对-协同效果机制三个部分，可以指导性别失衡的社会风险协同治理进行理论创新并对其进行实证检验。因此，社会风险协同治理概念模型有助于深入系统剖析性别失衡的社会风险协同治理机制。

二　性别失衡的社会风险协同治理的情境基础

在性别失衡风险社会，社区逐渐成为性别失衡的社会风险的集聚地以及风险后果的主要承担者。中观社区风险是微观个体风险与宏观社会风险之间的桥梁，既是微观风险放大到中观层次的反映，也是宏观风险在中观层次的缩影。对社区风险的研究，有助于深刻理解个体风险聚集为群体性事件的可能性，以及宏观风险情境作用到个体行为的影响性。因此，中观社区风险是将微观个体风险与宏观社会风险结合起来的重要枢纽。

随着社会治理实践的推进，治理重心逐渐下移、资源不断下沉，社区成为当前风险治理最基础和最核心的主阵地，是国家治理格局中最重要的组成单元（刘佳燕、沈毓颖，2017）。社区作为一定地域范围内的居民生活及交流而形成的一个自治的社会生活共同体，拥有成员行为、能力和需求的信息，可以利用这些信息进行治理。一系列经验表明，无论是在发达国家还是发展中国家，社区参与都能有效提高方案和项目在提供服务方面的效率（Fischer，2012）。特别是在社会风险治理中，一种基于社区的治理模式已经应运而生（隋永强等，2020）。

性别失衡的社会风险治理需要持续推进农村移风易俗，加大高价彩礼、人情攀比等不良风气治理力度。然而，政府用红头文件来治理这些陈规陋习时，由于于法无据，加之是强制性方式，最后效果皆不尽如人意。因此，经过实践探索，性别失衡的社会风险治理应在党委政府领导下，依靠基层群众性自治组织的力量和方式来推进，例如修订"村规民约"。虽然长期以来，我国的性别失衡治理都是以村和社区为基础单位的，但是我国基层社区治理向上负责、对内脱离的弊端，导致了"最后一公里"困境，核心表现为公众有效动员和参与不足的问题（刘建平、陈文琼，2016）。

协同治理能够克服和修正基层治理的弊端，其最适合的舞台和情境是村和社区，"最大的假设在于公众参与能够产生更好的公共政策，深化民主能够带来治理绩效，合作治理能够实现利益最大化"（赵光勇，2013）。韩国出生性别比治理经验表明，政府与市民社会并重的协同治理结构，实现了功能互补，取得了良好的治理效果。在基层治理中构建风险共同体，一方面，能够调动公众应对性别失衡的社会风险的主动性，阻断风险的进一步放大；另一方面，能够集中资源，增强社区对性别失衡的社会风险的抵御能力。因此，"自下而上"动员与"自上而下"部署有机结合的社区治理，也将成为性别失衡的社会风险治理的有效途径。

三　性别失衡的社会风险协同治理机制分析框架的提出

本节将结合上述现实情境分析，构建性别失衡的社会风险协同治理机制分析框架，并形成相关理论预设。社会风险协同治理概念模型是一个跨学科分析框架，其范围比其他定义更广泛，并突破了传统对公共部门及公共管理者的单一关注，涵盖了公共、私营和民间部门等多元主体，为分析性别失衡的社会风险协同治理机制提供了一个多层次的分析路径。但该模型是一个系统而复杂的动态非线性理论框架，涵盖协同治理的各个要素和过程，涉及多个维度和层次，因而直接按照原框架分析所有变量及路径机制的可行性和操作性较低。本节将以该模型为基础，解构协同治理机制的核心要素以及内在的运行逻辑和结果，构建性别失衡的社会风险协同治理机制分析框架。

性别失衡的社会风险协同治理就是将协同治理机制纳入治理体系建设，协同治理机制既是治理过程的抽象化，也是协同效应实现的动态路径（吴春梅、庄永琪，2013）。根据公共管理的"黑箱"理论（black box theory），协同治理机制是打开协同治理研究"黑箱"的钥匙，不仅可以揭开协同过程的神秘面纱，还能够掌握协同治理的运转机理和关键变量（孙萍、闫亭豫，2013）。目前学界关于协同治理机制的研究主要有两种思路：一种是研究构成协同治理机制的各个子机制，另一种是研究协同治理机制的构成要件。本节将两种思路进行有机结合，把协同治理机制视为在风险社会的现实情境下，随着性别失衡的社会风险治理过程推移而形成的线性阶段。从发生学意义上来讲，性别失衡的社会风险是微观个体性别偏好的人口和社会后果，将诱发行为失范，影响个人福祉和家庭发展，刺激并放大中观社区和宏观社会风险。因此，本书将性别失衡的社会风险协同治理机制界定为一个联结宏观社会、中观社区和微观个体的多层次、立体化线性机制，包含性别失衡的社会风险评估、性别失衡的社会风险沟通以及性别失衡的社会风险应对三个环节。

（一）性别失衡的社会风险评估

风险社会是协同治理机制的现实场域（侯保龙，2010），中观层面性别失衡的社会风险驱动着协同治理机制的运转。目前，中国正处于重大转型期以及社会结构深刻变化的阶段，社会、经济、人口等的多重转型和剧烈变革，使中国正在步入风险社会乃至高风险社会，其中，人口安全问题是社会转型中的基础风险。性别失衡作为中国基本人口特征之一，不仅增加了转型期的社会风险，而且对社会风险具有扩散及加剧效应。与此同时，社会转型又会将人口领域的社会风险放大到公共安全、公共健康等领域。任何公共危机或社会风险一旦被扩散和放大，就会波及社会所有个体和家庭。因此，性别失衡的宏观社会风险与微观个体风险不是相互割裂的，而是相互影响、紧密联系并且相互作用的。一方面，宏观社会风险会通过婚姻家庭制度，直接或者间接地作用于个体及家庭，在更高层次和维度上影响微观层面的性别偏好、行为失范、个人福祉与家庭发展。另一方面，对子女性别的偏好和选择是一项非常重要的生育决策，具有强烈的外部性，微观个体行为将性别选择的后果放大和扩散到整个社会，形成宏观社会风险。宏观社会风险与微观个体风险在中观层面形成联结，村和社区成为"风险聚变反应堆"，因而中观层面的性别失衡的社会风险能够准确反映风险水平。

（二）性别失衡的社会风险沟通

风险沟通是协同治理机制运转的"引擎"，信息共享是政府开展风险沟通的核心。本书将风险沟通界定为协同主体之间持续性的动态过程，并将该过程在中国性别失衡的社会风险治理中明确为"治理能力→信息共享→公众参与→信任"的线性机制，具体理由如下。

第一，正如 Ansell 和 Gash（2008）强调的，协同之所以能够存在并运行良好，与其中一个主体处于领导者地位密切相关。在中国的语境下，协同治理主体要共同行动且地位平等，但不排斥实际的领导者存在，因此，党和政府仍然是社会治理的主导，其他主体还无法处于同等的地位并发挥同样的作用。协同治理的公共性使得政府成为协同治理的发起者和维系力量，政府主导是治理的基础，政府对于将利益相关者聚集在一起并引导他们通过协同过程实现期望的结果至关重要。因此，政府治理能力是协同治理动力机制的起点。通过为公共管理者提供有效的组织支持，较强的治理能力可以使他们投入更多的资源，创造机会，将社区利益相关者纳入服务生产，从而创造更多的公共价值（Nalbandian，2005）。

现有关于治理能力的评估主要集中于国家治理能力方面，然而通常只是一个原则性的框架，还没有具体运用到实践当中（李文彬、陈晓运，2015）。国家治理能力是"国家通过制定、执行规则和提供服务而与社会实现'双赢'的能力"，本质上是拥有治理资源及对其进行合理配置和有效使用的能力（薛澜等，2015）。因此，治理能力是一个综合概念，既包括政府所拥有的资源水平，也包括其治理行为的质量。在村和社区层面，一方面，作为行政村/社区，要执行国家推行的相关政策。公共政策是研究治理能力的一个重要视角，体现政府为解决社会公共问题，制定公共政策并有效执行的能力（王骚、王达梅，2006）。社会问题的解决不仅依赖于政策制定，更取决于政策是否得到有效执行。政策执行能力是政府为保证政策的有效实施，使内容转化为现实的能力。另一方面，基层群众性自治组织要整合利用本村/社区资源。资源整合能力是政府为开展公共治理，对人力、物力和财力等资源进行有效整合的能力。由此，基层政府的政策执行能力与资源整合能力便构成治理能力的关键向度。

政策执行能力是基层政府对公共政策的贯彻落实程度，涵盖过程及其结果或产出，从过程来看，侧重的是政策执行过程中公众对政策的主观评价；从结果或产出来看，侧重的是政府将公共政策付诸实施的行动和结果（刘小康，2013）。公众对政策的主观评价，能够更加合理地反映政策执行过程的真实情况（金万鹏、孙道进，2021）。资源整合能力是基层政府对资源的动态整合能力，在风险治理中，表现为政府整合资源以应对风险的能力（孙彩红，2020）。资源整合发生于风险治理的整个生命周期，处于不断变化之中。公众对资源整合能力的主观评价，能够体现风险治理过程中资源的变化性和异质性。因此，在上述分析基础上，本书将从公众对政策执行能力和资源整合能力的感知程度两个方面对治理能力进行主观评价。

第二，对应政府的主导地位，公众参与是性别失衡的社会风险协同治理的基石。在性别失衡社会中，所有个人和家庭都是受害者，多元利益诉求使得公众参与成为协同治理的核心要素之一。公众参与是提高民主绩效和质量的重要手段，已有研究关注到公众参与在出生性别比治理中的重要作用（陈力勇等，2010）。性别失衡最终侵害的是公众利益，公众有参与治理的需求。政府需要"赋权予能"，增强公众的风险抵御能力。在性别失衡的社会风险治理中，公众参与并不是政府治理理念或行为变革的被动反应，也不仅仅是自身的主观诉求，而是二者互动的结果。

公众参与的概念与公民权和治理权有关，是公众在基层公共事务治理中的直接或间接参与（Wang and Von Wart，2007）。Kim（2010）在韩国治理研究中将公共参与划分为通过选举的政治参与和通过社团活动的公民参与。高勇（2014）将中国的公众参与分为公民自治和组织卷入两个维度。公民自治是社会公众在治理中的直接参与，旨在做出更好的决策，从而为整个社会带来更高的效率和收益（Irvin and Stansbury，2004）。组织卷入则是对公民自治的补充和支持，是社会公众在水平非层级网络中的交往互动，民间团体和组织会"灌输"公众能力和温和的政治态度（Andrews，2007）。在没有组织生活的情况下，公众表达其政治要求的能力可能会降低，从而使政府难以满足其需求。

第三，政府与社会公众之间的良性互动势必要求政府在治理过程中为公众提供更多的利益表达机会，信息共享是公众参与的前提，能够保障公众的知情权、参与权、表达权、监督权（朱友刚，2012）。若信息获取不充分，公众便会产生行为惰性，如不参与、"搭便车"等，甚至退出协同系统，因此，没有信息共享就不可能有公众参与（李珒，2020）。所谓信息共享，就是以社会问题和公众需求为导向，打破多元主体间信息资源的孤岛状态，实现信息全方位共享和开发效率的最优化。

第四，信任的本质是政府与公众之间的关系，是二者互动结果的社会心理映射。"信任关系的建立最终取决于协同主体间利益的同构性，只有利益需求一致，才能形成协同的发展目标并产生协同行为。"（欧黎明、朱秦，2009）无论是西方国家的"公民中心的公共服务运动"，还是"公民服务质量运动"等，其核心都是重建政府与公众之间的信任关系，越是积极参加社区活动的公众越容易建立与政府及他人的信任关系。信任是"建立在公众对政府的合理期待以及政府回应基础上的一种互动、合作关系"（张成福、边晓慧，2013）。因此，信任是由公众参与产生的，一方面，公众参与通过推动政府决策相关的信息"自上而下"的流动以及公众偏好的信息"自下而上"的流动，减少政府与公众之间的信息不对称；另一方面，在政府决策过程中，积极吸纳公众参与，有助于约束和限制政府的自由裁量权。

信任是一个基于积极期望的多维概念，通常分为制度信任和人际信任。制度信任是公众对政府机构和公共管理的信心；人际信任是指当他人以可预测、诚实与合作的方式行事时所产生的期望。在协同治理系统中，信任是各个主体之间的关系，既包括政府的公信力，也包括社会公众之间的互信度，因而有学者将信任划分为政府信任和社会信任两个维度（Song et al.，2021）。

（三）性别失衡的社会风险应对

风险应对是协同治理机制运行的终点。协同治理机制是否得到顺利实施，其效果如何，在很大程度上取决于协同动力能否提供足够的支撑。

协同治理绩效的衡量仍然比较困难且复杂，目前几乎没有共识（Emerson and Nabatchi，2015）。"绩效"的概念来源于企业管理，20世纪70年代末兴起的新公共管理运动，将其引入公共管理领域，并逐渐衍生出"政府绩效"、"制度绩效"和"治理绩效"等复合概念。一般而言，绩效是正在进行或者已经完成的工作或活动的成绩与效果。相较于企业管理中的绩效，公共部门的治理绩效更加多维，既追求效率，也考虑公平；既关注结果，也注重过程；既强调主观，也重视客观。由此形成了一种新的整体绩效观。

一方面，治理绩效是目标导向和情境依赖的，在具体的公共事务治理中，需要结合治理目标来界定治理绩效。协同治理绩效就是政府与社会通过合作有效预防和消解风险及不确定性，并阻断其扩散和放大的过程和结果，是静态结果和动态过程的有机统一（史传林，2014）。因此，本书将性别失衡的社会风险协同治理绩效划分为过程绩效和结果绩效两个维度。其中，过程绩效体现价值理性，结果绩效折射工具理性。

另一方面，治理绩效评估主要有"政府中心论"和"公众中心论"两大研究视角，前者通常采用客观指标，后者则更关注主观感受（邵任薇等，2020）。随着"公民本位"的理念在公共治理中越来越被重视，治理绩效越来越强调公众的主观评价，即感知绩效（吴结兵等，2022），并且已有研究发现主观绩效与客观绩效具有较强的一致性。根据风险治理的认知心理学范式，风险治理绩效应更加侧重主观认知和建构。因此，本书对性别失衡的社会风险协同治理绩效均采用主观评价。

综上所述，本书构建了性别失衡的社会风险协同治理机制分析框架，具体如图 3-4 所示。

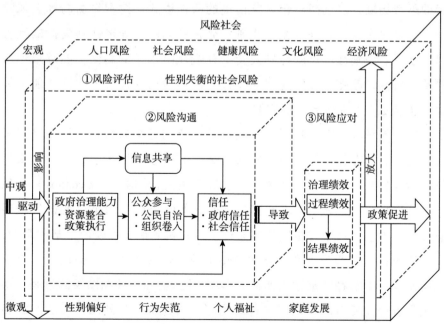

图 3-4　性别失衡的社会风险协同治理机制分析框架

第三节　性别失衡的社会风险协同治理机制
分析框架验证策略

根据性别失衡的社会风险协同治理机制分析框架，本书的具体验证策略如下。首先，对性别失衡的社会风险进行系统评估，确定治理所发生的中观社区尺度的风险水平，并对不同风险水平下的协同治理机制的核心要素差异进行比较分析。其次，对性别失衡的社会风险沟通机制进行实证检验，并比较不同风险水平下的路径差异。最后，对性别失衡的社会风险应对机制进行实证检验，并比较不同风险水平下的路径差异。性别失衡的社会风险沟通及风险应对机制的差异性，可以经由治理情境，即风险水平，这一中观分析单元来解释。

一　性别失衡的社会风险评估

性别失衡的社会风险协同治理机制首先需要通过风险评估确定其运行的承载场域，以选择契合风险情境的治理模式。性别失衡的社会风险评估就是对客观风险进行系统识别、分析和判断，确定性别失衡的社会风险水平。中观社区尺度性别失衡的社会风险水平的高低，能够形塑协同治理机制，改变其发展速率和轨迹。性别失衡的社会风险评估能够解决"治什么""在哪治"的问题。

在自然科学中，某种因果机制总是对相同的结果负责，机制是无条件成立的，而在社会科学中，机制则是"有时成立"的，因此，因果机制的情境作用在社会科学领域受到了极大关注。"情境"（context）类似于布迪厄提出的"场域"，是机制运行的即时条件。因果机制的情境很重要，因为它允许通过指定哪些条件下因果机制最有可能产生某种影响，来制定更精细的假设。政治学家 Falleti 和 Lynch（2009）提出，如果因果机制是一个解释特定输入如何和/或为什么会导致预期结果的过程，那么因果解释需要对因果机制进行情境化，因为机制与外部情境之间的相互作用决定了产出和结果。情境作为因果机制的初始条件，会对因果过程的展开产生持续的影响。当基本的 X→Y 模型嵌入特定情境之中，情境的作用与因果作用完全不同，情境不会导致 X 或 Y，但会影响 X 与 Y 之间的相互作用。Gerring（2010）同样认为因果机制是高度情境依赖的，相同的因果机制可能会对结果产生不同甚至相反的影响，具体取决于事件的触发因素或现实情境。Biesbroek 等（2017）基于 Gerring 的研究进一步提出 X→Y 的因果机制是一个"黑箱"，提供因果解释的时候需要机制与其运行的情境条件之间的相互作用，即所谓的"情境→机制→产出"（Context→Mechanism→Output，CMO）模型。Bakir（2021）在对政策工具与效果的因果机制的研究中，加入了对运行情境条件的考量，提出"工具＋机制＋情境＝效果"（Instrument＋Mechanism＋Context＝Outcome，IMCO）的概念模型。根据 Newig 等（2018）建构的协同治理因果机制，宏观社会风险将作为外部情境条件作用于协同治理机制，即整个协同治理过程。现实情境既会影响协同治理中政府与社会公众之间的互动关系，又会加强或削弱协同治理的效果。因此，对协同治理机制的验证不能脱离其特定情境及场域，不同风险水平下的运行路径存在显著差异。

性别失衡的社会风险的现实情境差异塑造了协同治理机制的约束条件，影响了协同治理的全过程。中国的出生性别比已经实现"十连降"，并逐渐接近正常水平，但性别失衡的社会风险不断暴露、累积并蔓延，加之与转型期社会风险相交织，性别失衡的社会风险治理情境出现了根本性改变，势必会对其治理过程和结果产生冲击和新的要求。由于因果机制的结果不是固定的，而是取决于其所发生的情境，因而可以推断性别失衡的社会风险协同治理机制在不同的风险水平下会产生不同的结果。在高风险水平下，面对决策的复杂性和环境的动荡性，政府有限的能力和信息，在应对复杂多变的性别失衡的社会风险时捉襟见肘。此外，高风险水平进一步增强了社会公众特别是弱势群体的脆弱性，从而可能发展成为阻碍公众参与治理的现实困境。个体及家庭为加强自我防护，致力于增强自身的风险应对能力，如通过增加储蓄和提高婚姻支付水平，以提高其在婚姻市场上的竞争力等，从而消极参与甚至不参与性别失衡的社会风险公共治理。另外，从危机的演变轨迹来说，风险的产生及放大还与政府治理失效导致的公众恐慌和不信任感的增强有关。最终可以推断，高风险水平会制约性别失衡的社会风险协同治理机制的有效推进。

因此，性别失衡的社会风险协同治理机制研究的第一步是对中观社区尺度性别失衡的社会风险进行系统评估，确定风险水平，并对不同风险水平下协同治理机制的要素差异进行检验。

二 性别失衡的社会风险沟通

性别失衡的社会风险协同治理机制运转的核心动力是风险沟通，能够将多元主体之间的协同互动转化为协同治理的原动力。性别失衡的社会风险沟通就是政府通过推动信息共享，引导社会公众积极参与风险治理，并对其利益诉求给予积极回应，从而建立信任体系，最终形成的一种良性互动过程。性别失衡的社会风险沟通研究能够解决"谁来治""如何治"的问题。

在风险治理中，风险沟通是在负责风险管理的政府和公众等各利益相关者之间进行的信息交换过程，政府部门的信息披露及公众对风险的认知和行为意向构成了政府与公众风险沟通的路径机制（刘中梅、彭绪梅，2017）。美国风险认知与沟通委员会（Committee on Risk Perception and Communication）将风险沟通定义为"个人、团体、组织间交换信息和观点的互动过程"，信息是风险沟通的载体和聚焦点。Lee（2019）运用汇总的 S-M-C-R-E 模型，将风险沟通总结为线性流程，该研究使用精确的组成部分，如参与、信任和相互理解来确定风险沟通的要素，具有重大意义。基于风险社会视角，风险沟通的目的不是降低公众的担忧以避免其采取行动，而是要培养知情的、参与的、理性的、致力于解决问题的合作群体，公众参与通过风险治理框架重构了风险沟通的目标及价值（张洁、张涛甫，2009）。风险沟通中的契约主要是以信任为基础的隐含契约或心理契约。本书认为风险沟通的目的是寻求更广泛的公众参与，化解不信任，减少社会风险给公众带来的损失，从而建立一套风险信任机制，最终通过信任实现风险治理。建立信任是贯穿风险沟通的一条主线，政府治理能力、公众与政府的互动和社会公众理性是信任生成逻辑的三个核心环节和要素。因此，性别失衡的社会风险沟通机制的具体研究路径为"治理能力→信息共享→公众参与→信任"。

首先，需要考察利益相关者参与性别失衡的社会风险协同治理的"合法性资本"（legitimate stake），所谓"合法性资本"就是可被感知到的参与权利和能力。在性别失衡的社会风险治理中，政府具有绝对话语权，而公众则是利益诉求主体。政府治理能力是基础，制度主义范式认为信任与国家治理能力是辩证统一的关系，信任的增强可以促进治理能力提升，反过来，治理能力的提升也会增强信任，即信任是内生的。但从根源上讲，信任源于公众对政府能力和决策行为及结果的评价，政府治理能力对个体政治信任具有显著影响（孟天广、李锋，2017）。一旦公众判定政府"强有力"，就会产生自身利益能够得以实现的积极性和肯定性期望，从而选择相信政府。

其次，识别治理主体的协同方式，即协同治理主体以怎样的方式协同起来。性别失衡的社会风险是全社会共同面临的复杂性公共问题，政府和公众需要联合起来工作，需要依靠相互之间的信任和承诺行动。社会公众理性是信任生成的必要条件，公众通过各种途径介入治理过程，能够实现利益表达，从而产生信任（庞玉清，2018）。政府通过促进公众参与提高其信任水平的路径，单从政府角度来研究信任存在一定的思维定式，要想构建信任关系，还需要从公众角度入手。委托代理理论是信任产生的理论渊源，公众对政府的合理期待得到有效回应，就形成了"相信而敢于托付的信任关系"。信息不对称使得委托代理关系存在信任风险，而公众参与能够使公众更加透彻地理解政府决策，并将更多元的价值观念带入决策中，降低失误的概率，从而减少信任风险（王莹、王义保，2015）。

最后，诊断治理主体的协同媒介，即协同治理主体以什么途径协同起来。在性别失衡的社会背景下，若缺乏必要的信息传递，不仅会扭曲风险源信息，也更容易产生政府信任危机，从而扩大公众风险感知，产生大规模的社会恐慌。公众与政府互动是信任生成的过程，政府与公众互动的媒介是信息流，信息不透明、不对称会使没有得到信息满足的公众产生个体乃至群体的相对剥夺意识（张书维等，2009），进而质疑政府相关决策，降低政府的公信力，最终阻断信任。从规范研究的理论叙事中看，信息的可得性与信任之间有着不言自明的联系。当政策制定者向公众披露更多信息时，公众对政府的信任水平会相应提高（Levi and Stoker，2000），信息获取机制是政府信息公开增进个体政治信任的作用机制（任羽，2018）。信息共享使政府权力在阳光下运行，有助于提升公众对政府的信任（芮国强、宋典，2012b）。

因此，性别失衡的社会风险协同治理机制研究的第二步是对风险沟通路径机制进行验证，并在不同风险水平下比较该机制的路径差异。

三　性别失衡的社会风险应对

性别失衡的社会风险协同治理机制运行的结果即风险应对效果，能够判断机制的整体有效性。性别失衡的社会风险应对就是在协同治理机制运行的现实场域下，对协同动力运转的效果进行评价，也是对治理绩效的系统考察。性别失衡的社会风险应对研究能够解决"治理效果"的问题。

风险应对体系与风险社会相伴而生，是在面对社会风险挑战时，治理的适应性嬗变与结果（刘鹏，2017）。风险应对的最终目的是关注社会风险治理的效果，经过风险评估与风险沟通，对风险治理绩效进行评估。性别失衡的社会风险应对研究就是从绩效视角审视协同治理机制的过程和内容，探讨治理机制的有效性并推动其创新与改进。绩效范式是对社会风险治理的有效解构，但目前研究尚不成熟。本书以治理绩效为导向，对性别失衡的社会风险协同治理机制进行整体性检验，是对已有研究的重要扩展和补充。社会风险的公共性决定了治理绩效并不完全是政府政策执行与资源配置的结果，而是政府与来自社会公众的输入共同作用的产物（周定财，2017）。在中国社会风险的语境下，协同治理尤其强调政府的领导地位及作用，是"政府依赖型"，社会风险协同治理成功的关键就是发挥政府的主导作用以及公众的主体作用。因此，政府的治理能力和信息共享通过公众参与，作用于信任，进而影响治理绩效。性别失衡的社会风险应对机制的具体研究路径为"治理能力→信息共享→公众参与→信任→治理绩效"。

从公共管理的角度出发，政府对性别失衡的社会风险的治理是政府治理能力及执政水平的集中反映，其自身拥有的资源和权力将直接影响治理效果（吴建南、陈妮，2006）。目前虽然有越来越多的学者关注和探讨治理能力及其决定因素，并提出治理能力是公共部门服务质量和绩效的关键决定因素（Andrews and Brewer，2013），但缺乏对系统路径的实证探索（Andrews and Boyne，2010）。如果能够找到治理能力对治理绩效的作用机理，将有助于揭开治理机制的"黑箱"，也对公共服务绩效改进具有重大意义。已有研究中，还有一些学者关注政府动员、外部资源支持等治理能力的竞争性因素，发现政府动员是推动公众参与的一种传统政策工具，政府动员虽然能够在短时间内发挥一定作用，但由于动员主体单一、方式简化及回应不足等因素，会陷入失灵的困境（张国磊等，2017）。治理负荷增大而治理资源匮乏的结构性困境引起对外部资源支持的关注，但外部支持并不一定能够丰富资源支持体系，治理的关键仍在于依靠自身资源激活内生动力（钟伟军、陶青青，2021）。本书在性别失衡的社会风险治理中，将政府的治理能力作为治理绩效的前因变量，将信息共享、公众参与和信任等协同治理要素作为中介变量，对治理能力的直接和间接效应进行整体检验。

另外，从工具理性来看，政府完善性别失衡的社会风险沟通机制，实现信息在主体之间的良性传播，有利于减少治理过程中的阻力，从而增强治理有效性。越来越多的证据表明，信息可得性对治理成败具有重要影响，但信息共享在多大程度上影响治理绩效仍是一个悬而未决的问题。信息共享具有明显的"增效"效应，一方面，信息共享能够满足公众获取真实信息的现实需求，从而抵抗信息不对称导致的恐慌，有助于直接提升公众对治理绩效的评价。另一方面，信息共享还可以通过启用"软执法"机制，例如公众参与和信任等，来间接提升公众对治理绩效的评价（Schleifer et al.，2019）。据此，信息共享对治理绩效具有直接和间接影响。

在性别失衡的社会风险治理实践中，社会公众具有两面性，一方面，公众可能直接制造风险，并且风险会随着人际交往的扩展而不断扩散和放大；另一方面，公众参与又是性别失衡的社会风险治理最重要的社会动力。公众既是治理和服务的对象、需求者和直接受益者，也是治理的参与者、监督者和评估者（严燕、刘祖云，2014）。公众参与作为社会风险治理的一种外部性手段，能够促进利益需求表达，从而提高治理及服务的针对性和契合性，因而会直接影响治理绩效评价。另外，公众参与还可以创造互惠的集体规范，从而建立信任并增进了解，有助于实现绩效的良性提升。因此，公众参与对治理绩效具有直接和间接的助推效应。

在风险治理研究领域，信任一直是关键所在。在风险社会利益日趋多元化和异质化的情况下，风险治理更需要治理主体之间以及社会成员之间的普遍信任。从公共管理的视角来看，信任是政府合法性的基础和支撑，如果政府得不到公众信任，就有可能陷入"塔西佗陷阱"（胡象明、张丽颖，2019）。公共领域的信任度下降还会产生连锁反应，引起社会信任的下降。在性别失衡的社会风险协同治理中，信任作为共同规则，是治理系统的序参量，决定着治理效果的好坏（甘开鹏、王秋，2020）。信任的增强会降低交易成本且避免机会主义，因而有助于治理绩效提升。相反，信任的减弱则会加速治理系统的熵增过程，从而直接损害公众对治理绩效的评价。

因此，性别失衡的社会风险协同治理机制研究的最后一步是对风险应对效果机制进行验证，并在不同风险水平下比较机制有效性的差异。

第四节　小结

本书首先将协同治理理论引入社会风险治理之中，对适应性协同风险管理框架以及协同治理综合框架进行有机耦合，确定社会风险协同治理的核心要素，构建出具有普适性的社会风险协同治理概念模型。其次，论证了上述模型在性别失衡的社会风险治理中的适用性，形成了性别失衡的社会风险协同治理机制分析框架，按照协同驱动、协同动力和协同效果的逻辑，将性别失衡的社会风险协同治理机制"黑箱"打开为性别失衡的社会风险评估、性别失衡的社会风险沟通以及性别失衡的社会风险应对三个环节。最后，提出具体验证策略，并形成相关理论预设，为后面章节的实证检验提供理论支撑和分析依据。

※ 第二篇 ※

机制研究：性别失衡的社会风险协同治理机制

第四章　性别失衡的社会风险评估

本章以 MOVE 框架为基础，从脆弱性视角对性别失衡的社会风险展开实证评估。首先，构建中观社区尺度性别失衡的社会风险评价指标体系，运用熵值法确定各指标权重，对指标进行加权平均，形成社区性别失衡的脆弱性指数。其次，根据社区性别失衡的脆弱性指数，运用 K-means 聚类分析法，识别性别失衡的社会风险水平。再次，采用描述性统计方法，对社区性别失衡的脆弱性及其维度差异进行比较分析。最后，在对性别失衡的社会风险协同治理机制核心要素进行操作化的基础上，运用描述性统计方法，比较不同风险水平下各要素测量指标的差异。

第一节　研究设计

一　分析框架

中国正处于转型关键期和改革攻坚期，各种社会风险相互交织叠加。低生育、少子化、老龄化、城镇化与性别失衡等人口风险作为社会风险的核心，刺激并提高了其他风险的发生概率和危害程度，使整个社会进入风险社会，乃至高风险社会的状态。反过来，社会转型期的各种矛盾又进一步加剧了性别失衡等人口风险的复杂性。性别失衡的社会风险是由性别结构失衡刺激并衍生出的多维风险，具有高度复杂性和普遍受损性。全面系统的风险识别与评估是确定风险治理目标，从而消减和控制社会风险，并确保风险治理机制有效运转的基础性依据。性别失衡的社会风险评估不仅有助于确定风险治理的方向，还可以避免由对风险的主观猜测导致的风险放大（刘慧君、李树茁，2011b）。风险评估是根据研究问题的目标及特点，按照系统性、针对性以及可操作性的原则，对各类风险要素进行信息收集，并运用数理统计的方法评估社会风险的程度。然而，尽管风险识别与评估填补了对风险了解的空白，并且已在诸如保险市场、国家审计等特定领域和部门中使用多年，但并未被公共管理部门重视（Fraume et al.，2020）。

按照性别失衡的社会风险的发生层面，可将其划分为微观风险、中观风险及宏观风险。微观风险是个人和家庭受到性别失衡冲击而产生的不良影响；中观风险是性别失衡在村和社区聚集的后果；宏观风险是性别失衡在国家甚至国际层面产生的不利后果。在风险社会中，中观社区处于风险评估及治理"上传下达"的中间位置，是考察不同层次社会风险的一个"枢纽"。一方面，由于社区是社会的微观组织单元，社区越来越成为社会风险的集聚地和主要承担者，并且中观社区风险不仅是宏观社会风险的缩影和重要预警，也是微观个体风险的扩散与持续放大。因而，社区作为一个有效的行为主体，在风险评估方面具有明显的针对性和可操作性。系统识别和评估社区尺度性别失衡的社会风险，有助于真正把握风险的严重性，澄清一些模糊甚至错误的认识，并且能够反映社会整体风险水平。另一方面，社区在风险治理中是贯彻政策、承接民意的桥梁，社区是国家治理的前沿阵地，相应干预措施通常需要通过社区才能最终抵达家庭和个体层面（卢阳旭，2013）；社区作为社会生活共同体，能够向上传递个体与家庭的真实需求。因此，鉴于社区在风险评估及治理中所处的重要地位，本书将对中观社区尺度的性别失衡的社会风险进行实证评估。

社会风险通常被视为静态概念，并根据判断过程进行评估（Scholz and Siegrist，2010）。联合国大学环境和人类安全研究所的 Birkmann 等（2013）为提升欧盟风险评估技术水平而研发了 MOVE 框架（Methods for the Improvement of Vulnerability Assessment in Europe）（见图 4-1），他们考虑了风险发生的时空特性，认为风险是由危害与脆弱性条件之间的交互耦合导致的有害后果或损失的可能性，核心是脆弱性及其构成维度。该框架将风险界定为社会或人口系统在特定时期内发生损失或损害的可能性，风险评估从危害评估开始，伴随着脆弱性评估和风险暴露程度，最终将风险计算为危害、脆弱性和暴露的函数，实现了脆弱性与风险的理论耦合与联结，为风险评估和风险治理提供了指导。脆弱性在人地耦合系统的交互过程中，以减少暴露、降低敏感性和提升恢复力的动态过程为显著表征，具有明显的尺度特征，呈现随时空演变的多重循环属性。尽管该框架没有提供具体的评估方法及指标体系，但概括出了脆弱性的关键因子和核心维度，为脆弱性分析提供了概念框架。Scholz 等（2012）从决策论视角厘清了风险和脆弱性的区别与联系，提出脆弱性是动态的过程，具有非线性和尺度特征，风险就等同于静态脆弱性。由于脆弱性能够以量化的方式得到直观呈现，因而脆弱性与风险概念联系在一起，并因其在风险治理中的预测性和前瞻性价值而得到广泛关注。

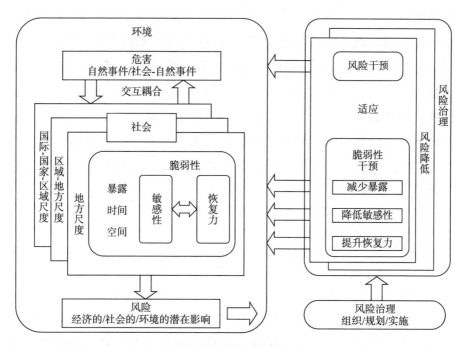

图 4-1　MOVE 框架

资料来源：Birkmann 等（2013）提出的框架原图。

脆弱性最初在自然科学领域的风险评估研究中使用，后发展为跨学科的分析视角。自然科学领域的脆弱性主要以致灾因子为研究对象，强调关注当自然生态系统暴露于灾害时的受损可能性以及呈现的状态表征，是系统应对扰动的结果。一些学者基于结果视角，将脆弱性界定为由于灾害或危害等不利影响，系统遭受损害的程度或可能性，侧重于研究单一扰动所产生的多重影响；另一些学者基于原因视角，将脆弱性定义为系统承受不利影响的能力，注重对脆弱性产生的原因和机理进行研究。相较于自然科学领域对自然灾害、生态环境及气候变化等脆弱性的关注，社会科学领域更关注微观层面个人尺度或中观层面社区尺度的脆弱性，强调风险形成中的社会因素，即社会环境和政治结构变化的影响，并在此基础上，提出了社会脆弱性（social vulner-ability）的概念。

已有研究主要从扰动范畴、发生原因和表现形式三个方面对社会脆弱性的概念进行界定，认为社会脆弱性是暴露于外部扰动下的社会系统，因系统内部的敏感性特征和对不利扰动的应对能力不足而使自身受到的损害状态。社会脆弱性强调系统内部属性及结构，核心是社会系统对外部扰动的非线性响应。对社会脆弱性程度的定量评价多以构建指标体系，并通过数理方法计算出脆弱性指数为主，将社会脆弱性指数的大小作为衡量其高低的依据。社会脆弱性来自社会系统的内在结构性因素和特征，明确了人口与社会系统是风险事件中被关注的主要对象，即哪些群体处于风险之中及其可能遭受的损害有多大，因而能够为分析社会风险的内在生成机理提供新范式（黄晓军等，2014）。

社会脆弱性的概念和分析框架能够为准确认识和治理性别失衡的社会风险提供新的视角和思路，社区性别失衡的脆弱性能够反映社区性别失衡的社会风险水平，脆弱性越强，风险水平越高。另外，社区性别失衡的脆弱性评估能够实现不同社会单元之间脆弱性程度差异和维度差异的比较，对开展有针对性的风险治理具有重要意义。由于脆弱性概念的抽象性及模糊性，目前性别失衡的相关文献尚未明确提出脆弱性的定义与操作化方法。借鉴应急管理等风险治理中社会脆弱性的概念，本书认为社区尺度性别失衡的脆弱性是暴露于性别失衡所形成的社会风险冲击下的社区，因对多重扰动的敏感性和应对性别失衡的社会风险的能力不同而呈现的一种易受损害的状态和可能性。

二　分析策略

本章旨在评估中观社区尺度上的性别失衡的社会风险，识别不同社区的风险水平及其维度差异。根据 MOVE 框架，脆弱性是与特定风险相联系的，具有明显的尺度特征，能够识别出社会系统中不同群体的风险水平。社会风险是一个外生性概念，而脆弱性则为内生性概念，能够从根本上探究社会风险的形成原因。性别失衡的社会风险本质上是社会系统的内在脆弱性，因而本书通过脆弱性评估对其进行科学识别与系统分析。脆弱性评估是对处于内外扰动下的系统结构和功能的影响进行的科学预测和判断，包括对系统暴露于内外扰动的水平、敏感性以及从不利影响中恢复的能力的综合评价。脆弱性评估的目的是通过减小内外扰动对系统的不利影响，维护并促进系统的可持续发展。

本章的具体分析策略为：首先，将脆弱性核心维度的构成要素作为一级指标，构建性别失衡的社会风险评价指标体系，运用数理统计方法确定各指标的权重，并通过加权平均获得社区性别失衡的脆弱性指数；其次，根据社区性别失衡的脆弱性指数的大小，采用聚类分析方法，将 20 个社区划分为高风险和低风险两类；再次，采用描述性统计方法对两类社区性别失衡的脆弱性及其维度差异进行比较分析，从而深入剖析性别失衡的社会风险产生的主要原因；最后，采用描述性统计方法，比较不同风险水平下性别失衡的社会风险协同治理机制要素的差异。

三　分析方法

（一）利用综合指数评价法评估社区性别失衡的脆弱性

综合指数评价法是最常用的脆弱性评估方法，它从脆弱性的产生原因与表现特征等方面选取评价指标，利用数学统计方法确定指标权重，进而计算脆弱性指数。本书通过建立评价指标体系并确定指标权重，运用加权求和法计算社区性别失衡的脆弱性指数，以表示社区性别失衡的社会风险的相对大小，数据处理步骤如下。

首先，为消除不同量纲和数量级的影响，本书采用极差标准化对指标进行预处理。

$$X'_{ij} = (X_{ij} - \min X_{ij}) / (\max X_{ij} - \min X_{ij}) \tag{4-1}$$

X_{ij} 为第 i 个社区第 j 项指标的初始值；X'_{ij} 为标准化后的数值。

其次，采用熵值法（Entropy Method，EM）确定各指标的权重，熵值法是一种通过综合度量各指标观测值提供信息量来计算权重的方法，即根据指标变化确定系统整体影响程度的权重，变化越大，则权重越大。该方法能够真实客观地反映指标信息，降低主观性和随机性，并且能够解决多指标变量之间的信息重叠问题，结果具有稳定性及可重复性。

由于在熵值法中运用到了对数，为了有效解决负数的问题，需要对标准化后的数值进行平移：

$$Z_{ij} = X'_{ij} + A \tag{4-2}$$

Z_{ij} 是平移后的数值，A 为平移幅度，在本书中为 0.0001。

计算第 j 项指标下，第 i 个社区的特征比重或贡献度：

$$p_{ij} = \frac{Z_{ij}}{\sum_{i=1}^{n} Z_{ij}} (i=1,2,\cdots,n; j=1,2,\cdots,m) \tag{4-3}$$

n 为样本（社区）个数，m 为指标个数。

计算第 j 项指标的熵值：

$$e_j = -\frac{1}{\ln n} \sum_{i=1}^{n} p_{ij} \ln p_{ij} (e_j \geq 0) \tag{4-4}$$

计算第 j 项指标的差异系数（信息熵冗余度）：

$$g_j = 1 - e_j \tag{4-5}$$

对冗余度归一化，计算第 j 项指标的权重：

$$w_j = \frac{g_j}{\sum_{j=1}^{m} g_j}(j = 1,2,\cdots,m) \tag{4-6}$$

最后，对各个评价指标的测量值进行加权平均，即将权重和测量值相乘后求和，从而计算出社区性别失衡的暴露水平、敏感性以及恢复力指数，计算公式为：

$$E = \sum_{i=1}^{7} E_i W_i, S = \sum_{j=1}^{3} S_j W_j, R = \sum_{k=1}^{7} R_k W_k \tag{4-7}$$

其中，E 为暴露水平，S 为敏感性，R 为恢复力。E_i、S_j 和 R_k 分别为暴露水平第 i 项指标的标准化得分、敏感性第 j 项指标的标准化得分和恢复力第 k 项指标的标准化得分。W_i、W_j 和 W_k 分别为指标权重。

借鉴政府间气候变化专门委员会（Intergovernmental Panel on Climate Change，IPCC）构建的脆弱性评估框架，社区性别失衡的脆弱性指数（CVI）的计算公式为：

$$CVI = (E+S) - R \tag{4-8}$$

（二）利用 K-means 聚类分析法界定社区性别失衡的脆弱性类型

K-means 聚类分析法（K-means cluster analysis）以其算法思想的简单性和聚类速度的高效性，成为聚类方法中最常用的一种，其基本原理是依据距离进行聚类，假定一个数量为 n 的 D 维数据点集 $X = \{x_1, x_2, \cdots, x_i, \cdots, x_n\}$，其中 $x_i \in R^d$。每个样本均可看作 D 维空间的任意一个点，则可计算任意两个点之间的 Euclid 距离。把各数据点归为 K 个类别 $C = \{C_k, k = 1,2,\cdots,K\}$，每个类别 C_k 有一个中心 μ_k，计算各数据点到其中心的距离平方和 $J(C_k)$，最终，使得总距离平方和 $J(C)$ 达到最小，从而实现簇内相似度高，而簇间相似度低。

$$J(C_k) = \sum_{x_i \in C_k} ||x_i - \mu_k||^2 \tag{4-9}$$

$$J(C) = \sum_{k=1}^{K} J(C_k) \tag{4-10}$$

（三）利用描述性统计方法研究社区性别失衡的脆弱性及其维度差异

采用 t 检验的方法，对社区性别失衡的脆弱性及其维度差异进行比较分析。对社区性别失衡的脆弱性的解构分析，能够从根本上探究性别失衡的社会风险的产生原因。

（四）利用描述性统计方法比较不同风险水平下性别失衡的社会风险协同治理机制要素差异

根据性别失衡的社会风险协同治理机制分析框架，将社区样本与个人样本相匹配，在对协同治理机制核心要素进行操作化的基础上，采用 t 检验的方法，比较不同风险水平下各要素测量指标的差异。

第二节　性别失衡的社会风险评价指标体系构建

指标体系是社会风险评估的基础，指标体系的选择与构建对评价结果至关重要。根据 Turner 等（2003）从可持续发展角度构建的 AHV（Airlie House Vulnerability）模型，脆弱性是由"人类-环境"耦合系统所决定的，不仅体现暴露于危害（扰动或压力）中的水平，还体现经历此类危害的系统的敏感性和适应能力。因此，完整的脆弱性评估包含暴露水平、敏感性和适应能力三个基本要素，但由于目前适应能力的内涵及作用机制尚未理论化，故许多模式用恢复力来替代适应能力（黄匡时，2009）。结合 MOVE 框架，本书将脆弱性界定为一个关于暴露水平、敏感性和恢复力的函数。暴露水平是人类社群或生态系统与特定压力、干扰或危害的接近程度，暴露水平越高则脆弱性越高。敏感性是指暴露于风险中的系统是否容易受到风险的影响以及影响的程度，主要取决于自身的结构特征，敏感性越高，则脆弱性越高。恢复力是暴露单位面对多重扰动或受风险冲击时，可以保持系统结构功能并从中恢复的能力，恢复力越强，则脆弱性越低。

脆弱性具有明显的尺度特征，不同尺度的脆弱性载体由于其感受扰动的性质不同，脆弱性要素的具体表现和评价指标也不同（田亚平等，2013）。社区尺度性别失衡的脆弱性是一个多方面的复合概念，对概念的清晰界定和内涵的准确分析是建构评价指标体系的前提。本书借鉴 MOVE 框架来分解和测度社区性别失衡的脆弱性，通过暴露水平、敏感性和恢复力三个主要维度构建评价指标体系，并以脆弱性指数识别出的类别作为社区性别失衡的社会风险程度的衡量依据。社区性别失衡的脆弱性指数既能体现当前社区性别失衡的社会风险的现状，又能揭示社区在未来性别失衡的社会风险的水平，即风险发生的概率。相较于根据风险的严重程度、扩散速度、影响范围、可逆性和持续性等属性的风险评估，脆弱性评估能够真正确认风险形成的根本原因。

　　指标体系的确定来源于对客观现实情境的分析，社区性别失衡的脆弱性指数分解如图 4-2 所示，各构成维度的操作化分析如下。

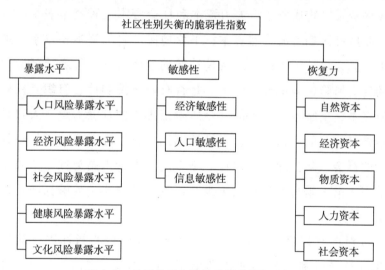

图 4-2　社区性别失衡的脆弱性指数分解

　　首先，暴露水平主要取决于社区暴露在性别失衡所形成的人口风险、经济风险、社会风险、健康风险和文化风险中的概率。男性过剩数量和婚姻挤压程度从客观和主观两个方面刻画出社区暴露于性别失衡人口风险下社区受到影响的可能性；贫困程度和婚姻花费则代表社区受到性别失衡经济风险影响的可能性；是否存在违法犯罪及定点分娩代表社区受性别失衡社会风险和健康风险影响的可能性；

是否存在男孩偏好的生育观念代表社区受传统性别文化影响的可能性。

其次，敏感性是社区容易受到性别失衡的社会风险胁迫的可能性和程度，主要表现在经济敏感性、人口敏感性和信息敏感性三个方面。财政状况是社区经济发展水平的重要表现，存在财政赤字的社区更容易受到性别失衡的社会风险的负向冲击。劳动力外流比例反映了社区的人口敏感性，特别是女性劳动力外流程度高的社区更容易受到婚姻挤压。信息流动不畅的社区对性别失衡的社会风险的认识和判断相对滞后且不够准确，使得风险存在进一步恶化的可能。

最后，恢复力是社区应对性别失衡的社会风险冲击的资本和能力，即资源通过组合、转换和整合而形成的风险应对能力，主要包括自然资本、经济资本、物质资本、人力资本和社会资本五种资本表征。用地形条件来测度社区拥有的自然资本，平原地区的自然资本相较于其他地区更为丰富。人口计生工作的经费是社区的经济资本，代表社区应对性别失衡的社会风险的经济投入水平。是否有养老院和社会组织是社区重要的物质资本，反映性别失衡的社会风险治理中的社会力量。人口计生部门的结构是社区的人力资本，常设性别比综合治理办公场所体现社区性别失衡的社会风险治理的稳定性。是否制定大龄未婚男性帮扶政策以及是否落实大龄未婚男性帮扶政策是社区的社会资本，能够反映社区的互惠规范。

通过对已有研究中性别失衡的社会风险的核心指标进行梳理，本书构建的社区性别失衡的脆弱性评价指标体系，共包括 17 项指标，同时利用熵值法对 2018 年湖北省"性别失衡治理与家庭发展"专项调查 20 个社区的数据进行分析，确定了各指标的权重，结果如表4-1 所示。

表4-1　社区性别失衡的脆弱性评价指标体系

维度	一级指标	二级指标	权重	指标描述与定义	均值	标准差
暴露水平	人口风险	男性过剩	0.0992	32岁以上未婚男性数量（个）	82.5	218.56
	人口风险	婚姻挤压	0.0291	男性结婚困难程度	2.9	0.72
	经济风险	贫困程度	0.0420	处于贫困线以下人数（人）	190.15	257.32
	经济风险	婚姻花费	0.0292	娶媳妇花费（万元）	16.23	14.35
	社会风险	违法犯罪	0.1615	有违法犯罪为1，否则为0	0.1	0.31
	健康风险	定点分娩	0.0359	无定点分娩为1，否则为0	0.6	0.50
	文化风险	生育观念	0.1130	普遍想生男孩为1，否则为0	0.2	0.41
敏感性	经济	财政状况	0.1130	财政赤字为1，否则为0	0.2	0.41
	人口	流动比例	0.0148	劳动力外流比例（%）	41.15	21.01
	信息	信息技术	0.1130	无微博、微信等应用服务平台为1，否则为0	0.2	0.41
	自然	地形条件	0.0420	地形总体是平原为1，否则为0	0.55	0.51
恢复力	经济	计生工作经费	0.0218	人口计生工作的经费总额（元）	22450	17500.3
	物质	养老院	0.0644	有养老院为1，否则为0	0.4	0.50
	物质	社会组织	0.0202	有社会组织为1，否则为0	0.75	0.44
	人力	计生部门结构	0.0114	常设性别综合治理办公场所为1，否则为0	0.5	0.51
	社会	制定大龄未婚男性帮扶政策	0.0251	有帮扶为1，否则为0	0.7	0.47
	社会	落实大龄未婚男性帮扶政策	0.0644	纳入五保户和低保户为1，否则为0	0.4	0.50

第三节　社区性别失衡的脆弱性及其维度差异

借鉴社会脆弱性的概念，本书将社区性别失衡的脆弱性视为一个相对概念，暴露水平和敏感性与脆弱性呈正相关，恢复力与脆弱性呈负相关。如果社区性别失衡的脆弱性为正值，说明社区的暴露水平和敏感性较高，并且正值越大，脆弱性越高，即性别失衡的社会风险水平越高。如果社区性别失衡的脆弱性为负值，说明恢复力较强，且负值绝对值越小，脆弱性越低，即性别失衡的社会风险水平越低。依据社区性别失衡的脆弱性指数的大小，采用 K-means 聚类分析法对样本进行聚类，从而识别出性别失衡的社会风险类型。首先设定需要聚类的数目为两类，然后通过 Stata 软件将社区分配到具有最接近的脆弱性平均数的组，从而找出属于高脆弱性和低脆弱性的社区，最终形成高性别失衡的社会风险社区和低性别失衡的社会风险社区。

经过聚类分析，在所有社区中，高风险社区有 8 个，占比为 40%，低风险社区有 12 个，占比为 60%。表 4-2 是社区性别失衡的脆弱性的基本情况和差异比较结果，高风险社区性别失衡的脆弱性指数均值为 0.123，低风险社区性别失衡的脆弱性指数均值为 -0.044。t 检验中 t 统计值为 6.012，显著性水平为 0.000，表明高风险社区与低风险社区之间性别失衡的脆弱性存在显著差异，故采用 K-means 聚类分析法，将样本社区根据性别失衡的脆弱性指数高低分为两类具有一定的合理性，二者存在良好的区分度。

表 4-2　社区性别失衡的脆弱性（$n=20$）

类型	均值	标准差	最小值	最大值	t 值
高风险社区	0.123	0.050	0.054	0.183	6.012***
低风险社区	-0.044	0.067	-0.145	0.024	

注：*** p<0.001。

图 4-3、图 4-4 和表 4-3 是社区性别失衡的脆弱性维度的差异比较

结果，其中，高风险社区和低风险社区性别失衡的暴露水平的均值分别为 0.114 和 0.083，t 检验显示二者不存在显著的统计差异（t＝1.039,p>0.1）。高风险社区和低风险社区性别失衡的敏感性的均值分别为 0.091 和 0.026，t 检验显示二者差异具有统计显著性（t＝3.045，p<0.01）。高风险社区和低风险社区性别失衡的恢复力的均值分别为 0.083 和 0.154，t 检验中 t 统计值为－3.935，显著性为 0.001，表明二者存在显著差异。上述结果表明，高风险社区和低风险社区之间性别失衡的脆弱性存在显著差异，但二者在暴露水平上无显著差异，而在敏感性和恢复力两个维度上差异显著，说明敏感性和恢复力差异是导致社区性别失衡的社会风险水平不同的根本原因。

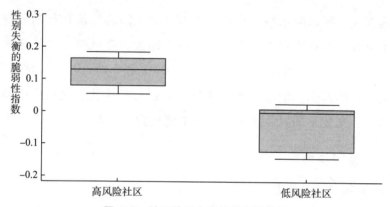

图 4-3　社区性别失衡的脆弱性指数

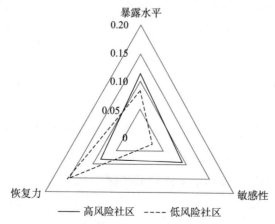

图 4-4　社区性别失衡的暴露水平、敏感性与恢复力

表 4-3 社区性别失衡的脆弱性维度的差异（n=20）

维度	高风险社区	低风险社区	t 值
暴露水平	0.114	0.083	1.039
敏感性	0.091	0.026	3.045 **
恢复力	0.083	0.154	-3.935 ***

注：** p<0.01；*** p<0.001。

第四节 不同风险水平下性别失衡的社会风险协同治理机制要素差异

为探究不同风险水平下性别失衡的社会风险协同治理机制要素的差异，本书首先将社区样本与个人样本进行匹配，高风险社区的样本量为402个，低风险社区的样本量为630个。其次结合理论与现实情境分析，对性别失衡的社会风险协同治理机制要素进行操作化。最后运用描述性统计方法，比较不同风险水平下各要素测量指标的差异。

一 治理能力

（一）政策执行能力

政策执行能力是对政府治理行为质量的测量，本书通过社会公众对性别失衡的社会风险治理政策的知晓度获得。公众对政策的了解程度越深，说明政府的政策执行能力越强。题项为："您是否知道下列政策？"具体包括："全面二孩政策""禁止非法胎儿性别鉴定、人工流产""为农村孕产妇提供优质的孕产期全程服务""妇女宅基地、房屋继承权和土地承包权权益保障""女性就业、休假等合法权益保障""婚育新风进万家活动""对农村计划生育家庭独生子女和双女结扎户女儿考生调低区内调档分数线""按照政策规定生育的奖励扶助政策"。本书将选项赋值为："1=没听说""2=听说过但不清楚""3=知道一点""4=比较了解""5=非常清楚"。

表4-4是不同风险水平下政策执行能力的差异比较，低风险社区中

公众对"全面二孩政策"、"禁止非法胎儿性别鉴定、人工流产"、"对农村计划生育家庭独生子女和双女结扎户女儿考生调低区内调档分数线"和"按照政策规定生育的奖励扶助政策"的知晓度均显著低于高风险社区。另外，在剩余指标上的差异虽不具有统计显著性，但低风险社区的公众知晓度均低于高风险社区。因此，整体而言，在高风险水平下，社会公众对性别失衡的社会风险治理相关公共政策的敏感度更高。

表 4-4　不同风险水平下政策执行能力的差异比较（$n=1032$）

	低风险	高风险	t 值
全面二孩政策	3.55	3.75	-2.88 **
禁止"两非"	3.60	3.77	-2.17 *
孕产期全程服务	2.93	2.99	-0.66
妇女宅基地、房屋继承权和土地承包权权益保障	2.46	2.53	-0.88
女性就业、休假等合法权益保障	2.85	2.90	-0.68
"婚育新风进万家"	2.69	2.70	-0.17
对农村计划生育家庭考生调低区内调档分数线	2.54	2.76	-2.60 **
按照政策规定生育的奖励扶助政策	2.76	3.07	-3.77 ***

注：* $p<0.05$；** $p<0.01$；*** $p<0.001$。

（二）资源整合能力

在风险治理中，资源整合能力是政府整合资源以应对风险的能力，具体包括风险防范、风险准备、紧急应对以及服务保障四个维度。本书通过社会公众对基层群众性自治组织应对风险的综合能力评价获得，题项为："您是否同意下列说法？"具体包括："村/社区努力去防范灾害的发生""村/社区积极对可能发生的灾难做好准备""在灾难发生时，村/社区可以提供紧急服务""灾难发生后，村/社区有各种服务来帮助村/社区居民"。本书将选项赋值为："1=非常不同意""2=不同意""3=既不同意也不反对""4=同意""5=非常同意"。

表 4-5 为不同风险水平下资源整合能力的差异比较，结果显示低风险社区与高风险社区公众对风险应对能力的评价均较高，二者在风险防范、风险准备、紧急应对和服务保障四个维度皆不存在显著差异。

表 4-5　不同风险水平下资源整合能力的差异比较（$n = 1032$）

	低风险	高风险	t 值
风险防范	3.91	3.97	-1.01
风险准备	3.95	4.01	-1.08
紧急应对	3.97	3.99	-0.35
服务保障	4.00	4.00	0.01

二　信息共享

根据经济合作与发展组织（OECD）提出的开放和包容决策（open and inclusive policy making）的观点，公众参与决策可分为告知（infor）、咨询（consultation）和积极参与（active participation）三个阶段。告知是政府或主动或被动地向公众发布有关决策的信息；咨询是有限的双向关系（a limited two-way relationship）；而积极参与则是全面的双向关系（an advanced two-way relationship）（OECD，2001）。

首先，政府信息公开是公众参与的基础，因为参与的前提是知情（刘小康，2015）。其次，参与理论认为公众不信任政府的主要原因在于政府透明度不高，增加公共部门的信息透明度是保障公众知情权、提升信任水平的重要途径（Tolbert and Mossberger，2006）。再次，在信息公开透明的基础上，政府需要让公众参与到公开的信息讨论之中，通过咨询实现政府和社会的对话（刘密霞等，2015）。最后，政府应对公众负责，接受其监督与问责。因此，信息共享在本书中通过公开、透明、咨询与问责四个维度进行测量。题项为："计生部门有没有将政策等信息进行及时公开？""计生部门办事的程序和结果是否透明？""您能否就您所遇到的问题向服务部门进行咨询？""当服务部门没有解决您的问题时，您能否向上级部门进行信访？"本书将选项赋值为："1=否""2=是"。

对不同风险水平下的信息共享程度进行比较，结果如表 4-6 所示，整体来看，高风险社区的信息共享程度高于低风险社区，但在公开、透明、咨询与问责四个维度上的差异均不具有统计显著性。

表 4-6　不同风险水平下信息共享程度的差异比较（$n = 1032$）

	低风险	高风险	t 值
公开	1.84	1.87	-1.22
透明	1.81	1.82	-0.58
咨询	1.83	1.85	-0.54
问责	1.67	1.69	-0.71

三　公众参与

（一）公民自治

公民自治通过谢玉华和张群艳（2013）开发的量表进行测量，包括参与决策、参与管理和参与监督三个维度。中国的性别失衡治理工作是内化于村和社区基层治理之中的，为保证公众参与行为的完备性和准确性，公民自治的测量题项为"近三年您是否有过以下行为？"具体包括："参与村/社区党组织关于本村公共事务处理的活动""参与村/社区事务管理，如给所在的村/社区提建议等""通过各种方式向政府有关部门反映情况/提出政策建议"。本书将选项赋值为："1 = 没有""2 = 偶尔""3 = 有时""4 = 经常"。

表 4-7 对两种风险水平下公民自治程度的差异进行比较分析，发现高风险社区中公众参与决策的程度在 0.1 的显著性水平下高于低风险社区，而参与监督的程度则低于低风险社区，并且两类社区中公众参与管理的程度无显著差异。

表 4-7　不同风险水平下公民自治程度的差异比较（$n = 1032$）

	低风险	高风险	t 值
参与决策	2.18	2.29	-1.55[+]
参与管理	2.06	2.07	-0.12
参与监督	1.88	1.80	1.32[+]

注：[+]p<0.1。

（二）组织卷入

组织卷入通过中国综合社会调查（CGSS）问卷中的量表进行测量，题项为"在业余时间里，您有没有参加以下社会组织活动呢？"具体包括："健身/体育活动""娱乐/文艺活动""同学/同性/同行联谊活动""宗教信仰活动""有助于增强培养/教育子女能力的活动""有助于提高个人技能/技术的活动""公益/义务活动（扶贫、社会救济、赈灾、扫盲、环保等）"。选项被赋值为："1＝从不""2＝一年几次""3＝一月一次""4＝一周一次""5＝一周几次"。

表4-8是不同风险水平下组织卷入程度的差异比较，结果显示，整体上低风险社区公众组织卷入的程度更高，其中低风险社区宗教和子女培养的程度显著高于高风险社区。

表4-8 不同风险水平下组织卷入程度的差异比较 （$n=1032$）

	低风险	高风险	t 值
健身/体育	2.39	2.46	-0.76
娱乐/文艺	2.07	2.01	0.89
联谊	1.74	1.80	-1.19
宗教	1.29	1.20	2.09*
子女培养	2.34	2.22	1.59+
个人技能	2.01	2.00	0.11
公益	1.92	1.91	0.30

注：+ $p<0.1$；* $p<0.05$。

四 信任

（一）政府信任

政府信任是公众对直接治理性别失衡的社会风险的政府运作的评价态度和归属心理（李砚忠，2007），借鉴 Mayer 等（1995）基于"积极期待观"构建出的信任感知三要素模型，本书通过对能力及专业性的感知、对善意及关怀的感知和对诚信及言行一致的感知三个维度进行测量。题项为："您是否同意下列说法？"具体包括："您对本村/社区的未来充满希望""您对本村/社区有强烈的归属感""不论个人背景如何，村/社区能够公平对待每一位居民"。本书将选项赋值为："1＝非常不同意""2＝不同意""3＝既不同意也不反对""4＝同意""5＝非常同意"。

对不同风险水平下社会公众对政府的信任水平进行比较，结果如表4-9所示，高风险社区公众对诚信的感知程度显著高于低风险社区，而在对能力的感知和对善意的感知上与低风险社区无显著差异。

表4-9　不同风险水平下政府信任水平的差异比较（$n=1032$）

	低风险	高风险	t 值
能力	3.84	3.89	−1.09
善意	3.53	3.51	0.31
诚信	3.99	4.12	−2.91**

注：** p<0.01。

（二）社会信任

社会信任是在人际交往中建立起的情感关联，在交往过程中，个体既是"信任者"（trustor）又是"被信任者"（trustee）（Song et al.，2021）。本书参照世界价值调查中的六个条目进行测量，题项为："您是否同意下列说法？"具体包括："村里/社区的其他居民可以平等地跟您家沟通联系""村里/社区的其他居民认为您家是值得信赖的""村里/社区的其他居民能够考虑您家的利益""您家有事儿会跟村里/社区的其他居民商量""村里/社区的其他居民是值得信赖的""您家能够考虑村里/社区的其他居民的利益"。本书将选项赋值为："1＝非常不同意""2＝不同意""3＝既不同意也不反对""4＝同意""5＝非常同意"。

表4-10对两种风险水平下的社会信任水平进行比较，高风险社区中公众作为被信任者被信赖的程度显著高于低风险社区，而作为信任者的主动信赖与利益保护程度则显著低于低风险社区，说明低风险社区中的公众更容易且更愿意相信他人，而高风险社区中的公众则更认为自己应该被信任。

表 4-10 不同风险水平下社会信任水平的差异比较 （ $n = 1032$ ）

	低风险	高风险	t 值
被平等沟通	3.99	4.05	-1.20
被信赖	4.00	4.10	-2.11[*]
被利益保护	3.55	3.54	0.13
平等沟通	3.82	3.79	0.55
信赖	3.76	3.68	1.56[+]
利益保护	3.87	3.81	1.28[+]

注：[+] $p<0.1$ ；[*] $p<0.05$ 。

五 治理绩效

（一）过程绩效

过程绩效是协同治理过程中的可持续结果，强调政府与社会公众协同互动的有效性。本书将性别失衡的社会风险协同治理的过程绩效界定为在治理过程中，个体对治理及服务的感知质量，表现在对治理过程回应性和有效性的态度以及对政府服务满意度和可靠性的评价上（Trinh and Milan，2022）。

在具体操作化中，利用 Nguyen 等人（1983）开发的服务评估问卷（Service Evaluation Questionnaire，SEQ）中的四个维度对过程绩效进行测量。题项为："计生部门的服务在多大程度上满足了您的需要？""如果有人遇到问题，您会推荐他们到计生部门寻求帮助吗？""计生部门的服务有没有帮助您更有效地解决问题？""如果您再次需要帮助，还会找计生部门吗？"本书将选项依次赋值为："1=我的需求都没有得到满足""2=仅满足了我的一些需求""3=我的大部分需求得到了满足""4=我所有的需求几乎都得到了满足"；"1=绝对不会""2=可能不会""3=可能会""4=一定会"；"1=没有，它们似乎让事情变得更糟""2=没有，它们没有帮助""3=有，它们有一些帮助""4=有，它们有很大帮助"；"1=绝对不会""2=可能不会""3=可能会""4=一定会"。

对两种风险水平下的过程绩效进行比较，结果如表 4-11 所示，在高风险社区和低风险社区，公众对治理过程绩效的满意度、可靠性、有效性和回应性的评价均不存在显著差异。

表 4-11　不同风险水平下过程绩效的差异比较（$n = 1032$）

	低风险	高风险	t 值
满意度	2.73	2.66	1.20
可靠性	3.19	3.20	−0.21
有效性	3.16	3.14	0.58
回应性	3.19	3.19	−0.12

（二）结果绩效

结果绩效是性别失衡的社会风险协同治理最终欲实现的效果。性别失衡作为一种结构性社会风险，其影响是全面的，社会公众是最终承担者和主要应对者。性别失衡的社会风险主体，即风险所指向的对象，是微观个体及家庭。在微观层面，与性别失衡相关的行为失范主要表现为男孩偏好与性别选择，因此，性别失衡的社会风险协同治理的关键和根源在于性别偏好。

根据 Lindell 和 Perry（2012）提出的保护行为决策模型（protective action decision model），面对性别失衡的社会风险，个体通过接收风险信息，结合个人特征、直接经验及相关知识进行价值判断、风险感知，进而规范和约束自身的失范行为。性别失衡的社会风险协同治理的最终目的是培养个体对风险的理性认知，以转变其性别偏好，从而阻断微观个体风险向宏观社会风险的扩散。因此，本书对性别失衡的社会风险协同治理的结果绩效进行二阶段观察，将其操作化为一阶风险感知与二阶性别偏好。

1. 风险感知

在风险研究中，主观主义观点将风险视为社会过程的结果，社会风险被视为一种社会建构，是人们对风险所做出的主观辨识和判断，而不是客观现实的特征（Hansson，2010），即风险感知（risk perception）。目前风险感知研究主要有两大理论流派，一是心理测量流派，通过心理学方法研究风险，侧重于对风险的主观特征及感受进行测量；二是文化理论流派，通过认知主体自身的生活方式理解风险感知及风险相关行为（王锋，2013）。在具体研究中，针对特定风险事件，人们往往基于生活逻辑对其进行主观判断和测量。

本书将风险感知界定为收集、选择和解释有关事件或活动不确定影响的信号的过程（Wachinger et al.，2013），通过询问受访者对性别失衡相关后果和风险的感知程度获得，题项为"您是否同意下列说法？"包括以下九个条目："男性结婚越来越困难""现在没有结婚的男性，需要付出更多成本来准备结婚""拐卖妇女、儿童现象增加""留守妇女、留守女童会有危险""婚外恋、婚外性行为越来越多""非常态婚姻（早婚、买卖婚等）越来越多""大龄未婚男性使得违法犯罪活动增加""大龄未婚男性家庭存在经济困难""大龄未婚男性家庭存在养老困难"。本书将选项赋值为："1＝非常不同意""2＝不同意""3＝既不同意也不反对""4＝同意""5＝非常同意"。受访者对上述事件的认同程度越高，表明风险感知水平越高。

表4-12是对不同风险水平下公众对性别失衡的风险感知程度的比较分析，结果表明，在两类社区中，对高额婚姻花费的感知程度均最高，其次是男性成婚困难，最低的是非常态婚姻。低风险社区对拐卖妇女、儿童的感知程度显著高于高风险社区，而对留守女性安全的感知程度则显著低于高风险社区。

表4-12　不同风险水平下风险感知程度的差异比较（$n=1032$）

	低风险	高风险	t 值
男性成婚困难	3.68	3.75	−1.21
高额婚姻花费	3.86	3.86	0.05
拐卖妇女、儿童	3.18	3.00	2.33 *
留守女性安全	3.42	3.52	−1.52[+]
婚外恋、婚外性行为	3.39	3.47	−1.09
非常态婚姻	2.86	2.77	1.26

续表

	低风险	高风险	t 值
违法犯罪活动	3.00	2.93	0.90
大龄未婚男性经济困难	3.40	3.41	-0.18
大龄未婚男性养老困难	3.30	3.35	-0.81

注：[+] p<0.1；[*] p<0.05。

2. 性别偏好

性别偏好在中国体现为根深蒂固的男孩偏好，因此，对性别偏好的测量主要针对个体的男孩偏好程度，题项为"如果只能生育一个孩子，有人认为就应该生个男孩，您对这种观点的态度是什么？"本书将选项赋值为："1＝非常反对""2＝有点反对""3＝一般""4＝比较同意""5＝非常同意"。

从更深层次讲，根据人口经济学理论，生育的动机主要归为两类，即消费和投资，消费动机主要考虑养育孩子的成本，而投资动机则不仅考虑成本，还考虑孩子带来的预期效用和收益。综合来说，个体生育偏好和行为无论在数量上还是在性别上都是在对孩子"成本－效用"权衡的基础上做出的理性选择。然而，在中国农村家庭的生育决策中，成本观仍十分模糊，而孩子效用是更为重要的影响因素（陶涛，2012）。随着男孩偏好的逐渐隐性化，对儿子效用的研究能够从更深层次挖掘个体的真实生育意图。在中国"父权、父系和从夫居"的父系家族体系下，男孩具有经济、养老、日常生活照料、社会文化以及情感支持等五个方面的功能（Eklund，2018），男孩可以带来更多的预期回报，即男孩的效用高于女孩。本书将儿子养老效用、经济效用、生活照料效用、传宗接代效用以及情感支持效用五个维度构成的儿子效用作为男孩偏好的代理变量，从而对治理的结果绩效进行更为深入的探讨。题项为："没有儿子，可能会造成父母在晚年没人养老""没有儿子，可能会对家庭经济情况造成不好的影响""没有儿子，可能没人提供生活照料""没有儿子，可能会影响家庭的声望和地位""没有儿子，等到老了很容易被人忽视"。本书将选项赋值为："1＝非常不同意""2＝不同意""3＝既不同意也不反对""4 = 同意""5 = 非常同意"。

表4-13是对不同风险水平下性别偏好的差异进行的比较分析，高风险社区与低风险社区的男孩偏好程度不存在显著差异。而对于儿子效用，高风险社区的儿子养老效用、经济效用、生活照料效用、传宗接代效用以及情感支持效用均显著低于低风险社区。这一结果能够在一定程度上说明性别失衡的社会风险水平与根深蒂固的儿子效用呈负相关关系，风险水平越高，公众对儿子效用的重视程度越低。

表 4-13　不同风险水平下性别偏好的差异比较 （$n = 1032$）

	低风险	高风险	t 值
男孩偏好	2.29	2.32	-0.44
儿子养老效用	2.65	2.50	2.20*
儿子经济效用	2.60	2.42	2.71**
儿子生活照料效用	2.51	2.42	1.31+
儿子传宗接代效用	2.69	2.58	1.50+
儿子情感支持效用	2.74	2.60	1.86*

注：$^+ p < 0.1$；$^* p < 0.05$；$^{**} p < 0.01$。

第五节　小结

本章根据性别失衡的社会风险协同治理机制分析框架，采用多学科交叉融合的方法，从脆弱性视角出发，对中观社区尺度性别失衡的社会风险水平展开实证评估，将抽象的概念转化为实际可观测的具体指标。通过由性别失衡所形成的人口风险、经济风险、社会风险、健康风险和文化风险构成的暴露水平，由经济敏感性、人口敏感性和信息敏感性构成的敏感性，以及由自然资本、经济资本、物质资本、人力资本和社会资本构成的恢复力，构建社区性别失衡的脆弱性评价指标体系。运用数理统计方法，对20个代表性社区进行实证分析，识别出性别失衡的社会风险水平，并对社区性别失衡的脆弱性及其维度差异以及不同风险水平下性别失衡的社会风险协同治理机制要素差异进行比较分析，得出如下主要结论。

　　首先，本章系统解析了性别失衡的社会风险的核心内涵，将社会脆弱性的概念引入性别失衡的社会风险研究中，发现脆弱性视角在理解性别失衡的社会风险方面具有创新性和前瞻性。社会脆弱性是系统自身的一种属性，该理论颠覆了社会风险形成的外因论，能够真正确认风险形成的根本原因。本章通过对社会脆弱性的界定与分析，从暴露水平、敏感性和恢复力三个维度对性别失衡的社会风险进行了深入剖析，首次提出并解构了社区性别失衡的脆弱性的概念。

　　其次，本章构建了性别失衡的脆弱性评价指标体系，发现由此计算得出的社区性别失衡的脆弱性指数，能够准确反映社区性别失衡的社会风险水平。本章根据社区性别失衡的脆弱性指数，采用 K-means 聚类分析法，将 20 个代表性社区识别为高风险社区和低风险社区两类，其中高风险社区占比为 40%，低风险社区占比为 60%。二者性别失衡的脆弱性存在显著差异，表明高风险社区与低风险社区具有良好的区分度，故将社区分为两类具有一定科学性与合理性。

　　再次，本章深入探究了性别失衡的社会风险的基本构成与形成原因，发现高风险社区和低风险社区在暴露水平上不存在显著差异，而在敏感性以及恢复力两个维度上的差异具有统计显著性，其中，在恢复力上的差异最为显著。这一结果表明，社区的内在结构特征是社区性别失衡的脆弱性产生的重要原因，即性别失衡作为一种外部扰动对社区施加的影响并不均衡，风险水平高低取决于社区自身的敏感性特征和风险应对能力。

　　最后，本章初步比较了不同风险水平下性别失衡的社会风险协同治理机制要素的差异，发现高风险社区与低风险社区在治理能力、公众参与、信任以及治理绩效方面均存在显著差异。上述分析将中观社区样本与微观个人样本相匹配，把性别失衡的社会风险折射到治理过程之中，有助于明确性别失衡的社会风险协同治理机制运行的现实情境，为比较路径差异提供基础判断和实证参考，从而有助于丰富情境化的风险治理机制研究。

第五章　性别失衡的社会风险沟通

本章采用结构方程模型，对性别失衡的社会风险沟通的运行机制进行实证检验。风险沟通为性别失衡的社会风险治理提供了一种反思性的制度安排，是协同治理机制的核心动力，其本质在于信息传递和交流。性别失衡的社会风险沟通就是一个政府与社会互动的系统化过程，该过程具有整合功能，能够推动政府与社会达成合作共识。政府通过其合法性资本，构建信息流动渠道，为社会公众提供利益表达机会和途径，动员公众有效参与治理，提高信任水平，从而能够合力应对性别失衡的社会风险，缩短风险周期。本章通过实证检验，一方面厘清机制的核心要素及关键环节，检验沟通效果；另一方面，剖析治理的现实情境，比较路径差异。

第一节　研究设计

风险沟通在风险治理中的基础性功能日益显现，治理视角的风险沟通侧重于强调公众理性，通过增加信息透明度，鼓励公众参与，增强政府公信力和社会互信度，最终提升风险应对信心（唐钧，2009）。风险沟通的本质是多元利益相关者之间信息共享的过程，核心是信息的流动性以及主体的参与性（李建国、周文翠，2017）。虽然从理论上来讲，风险沟通应该是一个沟通双方相互作用的过程，但实际上，双方的主体地位并不是完全对等的（王东，2011）。根据拉斯韦尔提出的"5W"模型，信息经由媒介渠道从传输者到接收者的过程包括 who（谁）、says what（说了什么）、in which channel（以何种途径）、to whom（向谁说）、with what effect（效果如何），沟通涉及三个基本要素，即传输者、信息和接收者（朱正威等，2019）。1989 年，美国风险认知与沟通委员会明确指出"成功的风险沟通无法确保总体福利最大化，而只能确保决策者尽可能多地了解福利的影响"，首次将研究的关注点引向社会公众。基于权力互动视角，信息共享就是国家权力对社会权力上升的良性回应（张华，2017）。因此，在风险沟通中，政府一直是信息占有者和发布者，而社会公众则是接收者。

1993 年，Sandman 提出，为有效预防和降低风险，政府与社会需要加强沟通，统一风险认知，取得相互信任，从而共同决定如何应对风险，由此风险沟通研究开始开展信任研究并将其引向深处（Sandman，1993）。风险沟通研究中采用社会信任方法的学者提出"后信任社会"的概念，认为我们正处于一个信任机制被重新配置的社会，可以通过有效的风险沟通重塑风险社会的信任（张成岗、黄晓伟，2016）。信任是对所获取信息的真实性及可靠性的总体期待，如何建立信任成为风险沟通的聚焦点。风险沟通的目的不仅仅是风险信息的传递，更是通过信息共享来寻求更广泛的公众参与，重新塑造政府与公众之间稳定的社会关系，从而维持彼此的信任，建立一套风险信任机制（强月新、余建清，2008）。换言之，风险沟通归根结底是多元利益相关者共同参与建构社会关系的过程，信息共享将促使协同治理主体的联系更加紧密，改善互动效果，最终提升社会公众的信任水平。因此，风险沟通的内在机理就是政府依托合法性资本，将信息最大程度地传递给社会公众，促使其参与治理和决策，从而维持群体间的社会关系质量，最终取得相互信任。

在转型期社会高脆弱性的性别失衡情境下，社会风险呈现"信息强化、政府缺位、风险感知和公众反应"的四级放大机制。信息作为起点，经过多轮加工与放大，影响个体行动，并向外扩散至群体、社区和社会，产生涟漪效应。自第七次全国人口普查数据公布以来，"男多女少"、"3000 万光棍"、"天价彩礼"和"光棍村增加"等与性别失衡相关的话题，引发社会热切关注和讨论。信息流动存在正式的官方处理系统和非正式的社会传播网络两种渠道，部分非正式渠道对信息的改编和再加工，改变了其准确性和可靠性，使公众容易产生焦虑和负面情绪，不利于形成正确的认知和反应。政府对信息的披露则是官方正式渠道，可以有效减少虚假信息。社会公众对权威信息的准确掌握，有助于公众保持社会理性，防止性别失衡的社会风险的人为放大。

中国性别失衡的社会风险沟通是由政府主导的，政府需要切实承担起领导责任，主动回应社会关切。准确发布信息是政府履行社会风险治理职能的重要环节，既影响社会公众作为信息接收者对性别失衡的社会风险的认知和判断，又影响其参与行为和信任水平。信息共享程度越高，越能了解公众的多样性需求，风险沟通也就能越充分。相反，公众缺少治理的权威信息，则会导致参与意愿和行为发生偏离，使得风险沟通不充分。信息共享不仅仅是政府对信息的发布和结果的公开，更体现了信息在性别失衡的社会风险治理过程中的可获得性、可理解性以及可接受性。信息共享是实现政府与社会在性别失衡的社会风险协同治理中良性互动的桥梁和枢纽，如果没有政府的信息披露，则较难有公众参与，政府与社会公众之间的信任就更难建立。因此，性别失衡的社会风险沟通的具体路径为"治理能力→信息共享→公众参与→信任"。

首先，从公共治理的视角审视，信息共享是政府合法性的体现，是其治理职能的重要组成部分。政府作为信息的发布者，信息公开和共享程度受政府治理能力高低的直接影响。已有学者提出信息资源共享是政府重要的治理工具创新，是推进国家治理体系和治理能力现代化的重要手段（邓蓉敬，2008）。在上述理论研究基础上，还有一些学者对治理能力与信息共享之间的关系展开实证研究。马亮（2012）采用中国地级市的截面数据，发现政府的资源和能力与信息公开呈显著正相关关系。阎波等（2013）采用2009~2011年中国省级政府的面板数据，发现资源禀赋等内部因素也对政府信息公开具有显著的正向影响。因此，政府治理能力越强，与公众之间的信息共享程度就越高。

其次，信息共享作为一种特殊的政府回应，是对公众知情权的尊重，构成了公众参与的基础性制度和前提性条件（Huang et al.，2020）。信息本质上是一种公共资源，信息获取能够促进积极的公民态度和参与行为。公众以一定质量的权威信息为基础进行思考、决策和行动，能够形成政策偏好，并通过参与治理对政府施加压力。因而信息在政府与公众之间的开放与流动，强化了二者之间的良性互动，使得公众参与能够有的放矢。从公众视角来说，信息获取被视为公众参与的一个基本要素，具有重要的工具价值（Harrison and Sayogo，2014）。从政府视角来看，信息共享激发了社会公众参与治理的热情，为公众参与开辟了制度化的渠道（郑石明，2017）。因此，信息共享程度越高，公众参与度就越强，信息共享在政府治理能力与社会公众参与之间发挥中介作用。

再次，信息共享与信任之间存在实质性关系，双向流动的信息量越大，社会互信以及公众对政府的信任水平就越高（芮国强、宋典，2012b）。政府通过各种渠道将性别失衡的社会风险及治理的相关信息向公众全面、真实且准确地予以公开，对于增强政府公信力和社会互信度具有举足轻重的作用。一方面，与公共利益相关的信息能够及时且准确地传递给民众，增强公权力运行的透明性，有助于提升政府的公信力（郑思尧、孟天广，2022）。信息共享实质上体现了政府对社会公众的一种责任投入，如果公众诉求在此过程中能够得到满足，则政府是值得信任的（何玉、唐清亮，2012）。另一方面，政府供给准确的风险信息，能够抑制谣言的扩散，消减公众的恐慌情绪，防范社会失序，提高社会互信度。Fisman 和 Khanna（1999）基于世界价值观调查数据的研究发现，社会互信程度会随着双向交流信息量的增大而提高。因此，信息共享程度越高，政府信任及社会信任水平就越高，信息共享在政府治理能力与信任之间发挥中介作用。

最后，开放的政府范式意味着公共治理更加透明，信息共享程度更高，能够鼓励公众通过参与及合作与政府部门互动（Schmidthuber et al.，2021）。在风险沟通中，信任的本质是政府与社会公众互动的结果反映，由公众参与产生（全燕，2013）。国外已有大量的实证研究表明，有效的公众参与能够显著提升政府信任以及社会信任水平（Kim and Lee，2012；Huhe et al.，2015）。国内研究中，王莹和王义保（2015）提出较高程度的公众参与容易使公众形成对政府的合理评价，因而公众参与是政府信任水平提升的动力机制。龚文娟（2016）考察了我国环境风险沟通中公众参与和信任之间的关系，发现规制性参与行为有助于促进系统信任。因此，性别失衡的社会风险治理中公众参与度越高，信任水平就越高，信息共享和公众参与在政府治理能力与公众信任水平之间发挥链式中介作用。

基于上述分析发现，治理能力、信息共享、公众参与和信任之间具有重要关联，据此，本书构建出性别失衡的社会风险沟通路径的验证框架，具体如图 5-1 所示。该框架描述了性别失衡的社会风险及治理相关信息从作为传输者的政府到作为接收者的公众的全过程，打开了政府与社会协同的"黑箱"。

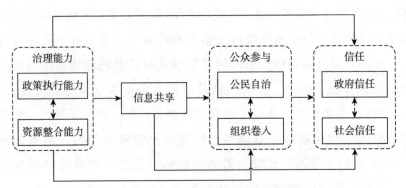

图 5-1　性别失衡的社会风险沟通路径验证框架

第二节　样本质量检验

在结构方程模型分析中，首先需要对数据进行正态性检验，若不满足正态分布，则需要采用特定的参数估计方法。其次需要对各潜变量的测量量表进行信度及效度检验。

一　描述性统计分析

本书对各潜变量的观测指标进行描述性统计分析，结果如表 5-1 所示。研究模型中，除宗教外的所有变量的偏度绝对值均小于 2，峰度绝对值均小于 7。根据 Finney 和 DiStefano（2013）提出的偏度和峰度的绝对值分别大于 2 和 7 时为严重的非正态分布，可以推断数据分布基本满足多元正态性假设。

首先，在治理能力方面，公众对政策的知晓度普遍不高，表明政府的政策执行能力不强。除了全面二孩政策以及禁止"两非"，公众的评价接近"比较了解"之外，其余政策均处于"听说过但不清楚"与"知道一点"之间，特别是妇女宅基地、房屋继承权和土地承包权权益保障政策，更接近"听说过但不清楚"。相较于政策执行能力，政府的资源整合能力更强，风险防范、风险准备、紧急应对以及服务保障四个维度上的评分均较高。

其次，在信息共享方面，整体而言，政府的信息共享程度不低，社会公众认为计生部门能够将政策等信息进行及时公开、计生部门办事的程序和结果透明并且能够就所遇到的问题与服务部门进行咨询的比例均在 80% 以上（分别为 84.88%、80.72%、83.72%），能够向上级部门进行上访的比例也达到 67.54%。

再次，在公众参与方面，公民自治程度不高，尽管参与决策和参与管理的水平较高，也仅处于"偶尔"和"有时"之间，而参与监督则位于"没有"和"偶尔"之间。组织卷入程度同样也不高，社会公众参与联谊活动、宗教活动以及公益活动的频率略低于其他活动，处于"从不"与"一年几次"之间。

最后，在信任方面，社会公众对村/社区的信任以及社会公众之间的相互信任水平均较高。在政府信任的三个维度中，诚信信任的单项得分略高于能力信任和善意信任，说明政府能够公平公正地对待每位公众。在社会信任中，公众作为被信任者被平等沟通和被信赖的程度较高，而被利益保护的程度最低。

表 5-1　各变量的描述性统计分析（ $n = 1032$ ）

潜变量	题项	取值范围	均值	标准差	偏度	峰度
政策执行能力	全面二孩政策	1~5	3.63	1.12	-0.35	2.30
	禁止"两非"	1~5	3.67	1.21	-0.52	2.31
	孕产期全程服务	1~5	2.95	1.31	-0.06	1.96
	妇女宅基地、房屋继承权和土地承包权权益保障	1~5	2.48	1.26	0.33	2.08
	女性就业、休假等合法权益保障	1~5	2.87	1.21	-0.05	2.19
	"婚育新风进万家"	1~5	2.69	1.38	0.18	1.82
	对农村计划生育家庭考生调低区内调档分数线	1~5	2.63	1.32	0.27	2.00
	按照政策规定生育的奖励扶助政策	1~5	2.88	1.31	0.05	1.98
资源整合能力	风险防范	1~5	3.93	0.82	-1.02	4.79
	风险准备	1~5	3.97	0.78	-0.86	4.36
	紧急应对	1~5	3.97	0.83	-1.03	4.76
	服务保障	1~5	4.00	0.80	-0.98	4.73
信息共享	公开	1~2	1.85	0.36	-1.97	4.90
	透明	1~2	1.81	0.39	-1.59	3.53
	咨询	1~2	1.84	0.37	-1.83	4.37
	问责	1~2	1.68	0.47	-0.78	1.61
公民自治	参与决策	1~4	2.22	1.07	0.28	1.78
	参与管理	1~4	2.07	1.05	0.47	1.93
	参与监督	1~4	1.85	1.02	0.81	2.32
组织卷入	健身/体育	1~5	2.42	1.36	0.64	2.14
	娱乐/文艺	1~5	2.04	1.12	1.08	3.49
	联谊	1~5	1.76	0.84	1.45	5.87
	宗教	1~5	1.25	0.67	3.26	14.61
	子女培养	1~5	2.29	1.16	0.82	2.85
	个人技能	1~5	2.01	1.05	1.23	4.16
	公益	1~5	1.92	0.88	1.49	6.10
政府信任	能力	1~5	3.86	0.81	-0.57	3.51
	善意	1~5	3.53	0.84	-0.31	3.04
	诚信	1~5	4.03	0.84	-1.06	4.68

续表

潜变量	题项	取值范围	均值	标准差	偏度	峰度
社会信任	被平等沟通	1~5	4.02	0.73	−1.12	6.12
	被信赖	1~5	4.04	0.70	−0.95	5.60
	被利益保护	1~5	3.54	0.89	−0.49	3.26
	平等沟通	1~5	3.73	0.85	−0.83	3.84
	信赖	1~5	3.81	0.82	−0.84	4.17
	利益保护	1~5	3.85	0.73	−0.75	4.45

二　信度检验

信度检验（reliability test）指的是对样本数据的可靠性和一致性进行检验，一般包括单一维度性以及内部一致性两个方面。单一维度性检验的是一组观测指标是否仅对应唯一一个潜变量，通常通过 KMO（Kaiser-Meyer-Olkin）检验和 Bartlett 球形检验进行分析。判断标准为 KMO 值>0.6，并且 Bartlett 球形检验统计值的显著性概率小于给定的显著性水平（0.001）。政策执行能力、资源整合能力、信息共享、公民自治、组织卷入、政府信任和社会信任七个变量的 KMO 检验和 Bartlett 球形检验结果如表 5-2 所示。所有变量的 KMO 值均大于 0.6，并且 Bartlett 球形检验中 sig. 的值均为 0.000（<0.001），说明所有变量均具有单一维度性。

表 5-2　各变量的 KMO 检验和 Bartlett 球形检验结果

检验指标		政策执行能力	资源整合能力	信息共享	公民自治	组织卷入	政府信任	社会信任
	KMO	0.910	0.801	0.619	0.677	0.849	0.637	0.847
Bartlett 球形检验	近似卡方值	3991.022	2045.182	571.414	1618.727	2270.339	470.508	2249.115
	df	28	6	6	3	21	3	15
	sig.	0.000	0.000	0.000	0.000	0.000	0.000	0.000
	累积解释方差	57.048%	71.829%	47.351%	78.958%	49.961%	59.964%	56.517%

Cronbach's α 信度系数法评价的是变量中各题项得分之间的一致性，属于内部一致性系数。Nunnally 和 Bernstein（1994）的研究指出，Cronbach's α 系数的可接受范围为大于等于 0.7，且最低应达到 0.5。本书对所有变量的内部一致性检验结果如表 5-3 所示，政策执行能力、资源整合能力、公民自治、组织卷入以及社会信任变量的 Cronbach's α 系数均大于 0.8，表明上述变量具有优良的内部一致性信度。而信息共享及政府信任的 Cronbach's α 系数分别为 0.613 和 0.663，在实证研究中基本达标，即虽然量表的信度一般，但仍具有一定的研究价值。

表 5-3　所有变量的内部一致性检验结果

变量	条目数量	Cronbach's α
政策执行能力	8	0.891
资源整合能力	4	0.868
信息共享	4	0.613
公民自治	3	0.866
组织卷入	7	0.826
政府信任	3	0.663
社会信任	6	0.839

三　效度检验

效度检验（validity test）反映的是测量工具的准确性和有效性，一般通过聚合效度和区分效度进行检验。聚合效度是同一潜变量的观测指标之间的关联程度，区分效度则是潜变量的观测指标之间的区分程度。

首先，通过验证性因子分析（Confirmatory Factor Analysis，CFA）对测量模型进行聚合效度检验。如果观测指标落在潜变量上的因子载荷值较大并且显著，就认为聚合效度较好。因子载荷表示测量变量能够有效反映一个潜变量，一般而言，因子载荷大于 0.7，且在统计意义上具有显著性被认为是合适的，但有学者提出在社会科学研究中，该条件有些严苛，因此将其最低标准值界定为 0.4（Ford et al.，1986）。

本书建立了包括所有潜变量在内的测量模型，其拟合指标为：$\chi^2 =$

1526.285（df = 539）、RMSEA 为 0.044（90% 置信区间为［0.042，0.047］）、CFI 为 0.967、TLI 为 0.964、WRMR 为 1.401。各项指标均达到适配标准，表明测量模型拟合效果较好。如表 5-4 所示，政策执行能力、资源整合能力、信息共享、公民自治、组织卷入、政府信任和社会信任的因子载荷均大于 0.4，且均在 0.001 的统计水平上显著，表明量表的聚合效度良好。

表 5-4　对聚合效度的验证性因子分析结果

潜变量	观测变量		标准化因子载荷	标准差
政策执行能力（GP）	GP1	全面二孩政策	0.591***	0.022
	GP2	禁止"两非"	0.601***	0.023
	GP3	孕产期全程服务	0.816***	0.013
	GP4	妇女宅基地、房屋继承权和土地承包权权益保障	0.821***	0.014
	GP5	女性就业、休假等合法权益保障	0.804***	0.013
	GP6	"婚育新风进万家"	0.842***	0.013
	GP7	对农村计划生育家庭考生调低区内调档分数线	0.798***	0.014
	GP8	按照政策规定生育的奖励扶助政策	0.845***	0.013
资源整合能力（GR）	GR1	风险防范	0.818***	0.015
	GR2	风险准备	0.863***	0.011
	GR3	紧急应对	0.856***	0.012
	GR4	服务保障	0.818***	0.014
信息共享（IS）	IS1	公开	0.764***	0.040
	IS2	透明	0.831***	0.032
	IS3	咨询	0.714***	0.042
	IS4	问责	0.513***	0.044
公民自治（CA）	CA1	参与决策	0.888***	0.013
	CA2	参与管理	0.957***	0.010
	CA3	参与监督	0.812***	0.017

续表

潜变量		观测变量	标准化因子载荷	标准差
组织卷入 （*OI*）	*OI1*	健身/体育	0.783 ***	0.017
	OI2	娱乐/文艺	0.817 ***	0.016
	OI3	联谊	0.642 ***	0.025
	OI4	宗教	0.427 ***	0.040
	OI5	子女培养	0.686 ***	0.021
	OI6	个人技能	0.785 ***	0.017
	OI7	公益	0.726 ***	0.021
政府信任 （*GT*）	GT1	能力	0.758 ***	0.020
	GT2	善意	0.649 ***	0.025
	GT3	诚信	0.612 ***	0.027
社会信任 （*ST*）	ST1	被平等沟通	0.775 ***	0.016
	ST2	被信赖	0.781 ***	0.016
	ST3	被利益保护	0.614 ***	0.025
	ST4	平等沟通	0.779 ***	0.016
	ST5	信赖	0.798 ***	0.016
	ST6	利益保护	0.678 ***	0.021

注：*** p<0.001。

其次，通过平均方差萃取值（Average Variance Extracted，AVE）对测量模型进行区分效度检验，以确保各个潜变量本身所代表的含义互不重叠。根据 Fornell-Larcker 标准，如果每个潜变量的 AVE 的平方根大于该潜变量与其他变量之间的相关系数，且 AVE 大于 0.5，说明不同潜变量的测量具有独特性，区分效度较好。AVE 的计算公式如下：

$$AVE = (\sum \lambda^2)/n \tag{5-1}$$

其中，λ 为因子载荷，n 为该因子的测量指标数量。

平均方差萃取值对区分效度的检验结果如表 5-5 所示，表中对角线上的值为各个潜变量 AVE 的平方根，左下区域中的值为所有潜变量之间的相关系数。从表 5-5 中可以看出，变量间的相关系数均小于 0.85，表明不存在多重共线性。各潜变量的 AVE 值皆超过了 0.5，表明各潜变量能够解释观测变量 50%以上的方差。另外，各个潜变量与其他潜变量之间的相关系数均小于其 AVE 的平方根，说明各个潜变量之间具有良好的区分效度。

表 5-5　AVE 对区分效度的检验结果

变量	1	2	3	4	5	6	7
1 政策执行能力	**0.771**						
2 资源整合能力	0.363 ***	**0.839**					
3 信息共享	0.473 ***	0.362 ***	**0.715**				
4 公民自治	0.556 ***	0.308 ***	0.449 ***	**0.888**			
5 组织卷入	0.375 ***	0.187 ***	0.429 ***	0.527 ***	**0.706**		
6 政府信任	0.447 ***	0.703 ***	0.462 ***	0.444 ***	0.371 ***	**0.676**	
7 社会信任	0.206 ***	0.374 ***	0.301 ***	0.253 ***	0.175 ***	0.529 ***	**0.741**

注：（1）对角线上加粗数据为 AVE 的平方根。（2）*** $p<0.001$。

第三节　性别失衡的社会风险沟通模型检验

一　相关分析

各潜变量的测量指标由于均为分类变量，传统线性统计推断无法直接计算其与其他变量之间的相关系数，因此，本书建立结构方程模型估计潜变量之间的相关矩阵，结果如表 5-6 所示。结果显示，各潜变量之间均存在显著正相关关系，具体而言，政策执行能力和资源整合能力与信息共享、公民自治、组织卷入、政府信任和社会信任呈显著正相关；信息共享与公民自治、组织卷入、政府信任和社会信任呈显著正相关；公民自治和组织卷入与政府信任和社会信任呈显著正相关。上述结果初步验证了本书建构的性别失衡的社会风险沟通理论框架。

表 5-6　相关分析结果

变量	1	2	3	4	5	6	7
1 政策执行能力	1						
2 资源整合能力	0.363***	1					
3 信息共享	0.473***	0.362***	1				
4 公民自治	0.556***	0.308***	0.449***	1			
5 组织卷入	0.375***	0.187***	0.429***	0.527***	1		
6 政府信任	0.447***	0.703***	0.462***	0.444***	0.371***	1	
7 社会信任	0.206***	0.374***	0.301***	0.253***	0.175***	0.529***	1

注：*** p<0.001。

二　主效应检验

在确定了各潜变量之间的相关关系后，本书构建结构方程模型以检验治理能力、信息共享、公众参与以及信任之间的因果关系，得到的模型拟合指标为：$\chi^2 = 1526.286$（df = 539）、RMSEA 为 0.044（90%置信区间为［0.042，0.047］）、CFI 为 0.967、TLI 为 0.964、WRMR 为 1.401。上述数据表明模型拟合效果较好，各变量之间的标准化路径系数如图 5-2 所示。

治理能力对信息共享具有显著的正向影响，政策执行能力和资源整合能力均能有效促进信息共享程度，二者的标准化路径系数分别为 0.393（p<0.001）和 0.219（p<0.001），说明政策执行程度越高以及拥有风险应对资源越多的政府，越倾向于和社会公众共享信息，政府治理能力对于提高信息共享水平具有不可替代的作用。因此，在性别失衡的社会风险协同治理中，政府作为治理主体，其首要价值就在于畅通信息共享渠道。

治理能力对公众参与具有显著的正向影响，一方面，政策执行能力和资源整合能力均对公民自治起到显著促进作用，二者的标准化路径系数分别为 0.424（p<0.001）和 0.073（p<0.05），说明政府治理能力越强，性别失衡的社会风险治理中公民自治程度越高。另一方面，对社会公众的组织卷入来说，政策执行能力同样具有显著的正向作用，标准化路径系数为 0.224（p<0.001），而资源整合能力则无显著影响，

标准化路径系数为-0.013（p>0.1）。经比较发现，在促进公众参与的过程中，相较于资源整合能力，政策执行能力的影响更大。

治理能力对信任具有显著的正向影响，社会公众对政府的信任水平随着政府的政策执行能力以及资源整合能力的提高而上升，标准化路径系数分别为0.078（p<0.1）和0.577（p<0.001），说明在性别失衡的社会风险协同治理中，政府的治理能力越强，其公信力也越高。对于社会公众之间的互信度，政策执行能力无显著影响，标准化路径系数为-0.041（p>0.1），资源整合能力则起到显著的正向作用，标准化路径系数为0.296（p<0.001），说明社区的风险应对能力越强，公众之间的相互信任程度越高。整体而言，在性别失衡的社会风险治理中，对于提高信任水平，政府的资源整合能力比政策执行能力的作用更大。

信息共享对公众参与具有显著的正向影响，公民自治及组织卷入的水平均随着信息共享程度的加深而提高，标准化路径系数分别为0.222（p<0.001）和0.328（p<0.001），说明向公众传递可靠的信息有助于实现政府与公众的进阶式互动（罗开艳、田启波，2020），能够有效增强公众参与性别失衡的社会风险治理的积极性。从社会公众的视角来说，只有充分获取准确的信息，才能做出理性抉择，从而有序、有效地参与治理。反之，信息缺位则会使公众基于短期利益考虑，为了自我保护而减少治理参与。

信息共享对信任具有显著的正向影响，可靠的信息容易使公众形成对政府及他人的正向认可，标准化路径系数分别为0.114（p<0.05）和0.161（p<0.001）。该发现符合经典的信任理论模式，在性别失衡的社会风险治理中，信息越公开透明，社会个体越倾向于增加对政府及他人的信任。

公众参与对信任具有显著的正向影响，公民自治对政府信任和社会信任均起到显著的促进作用，标准化路径系数分别为0.104（p<0.05）和0.108（p<0.05），说明在性别失衡的社会风险治理中，公民自治程度越高，政府信任及社会信任也越高。组织卷入对政府信任也具有显著正向影响，标准化路径系数为0.131（p<0.01），而对社会信任则无显著影响，标准化路径系数为0.009（p>0.1）。由此可见，公众参与程度越深，政府公信力及社会互信度水平均越高。

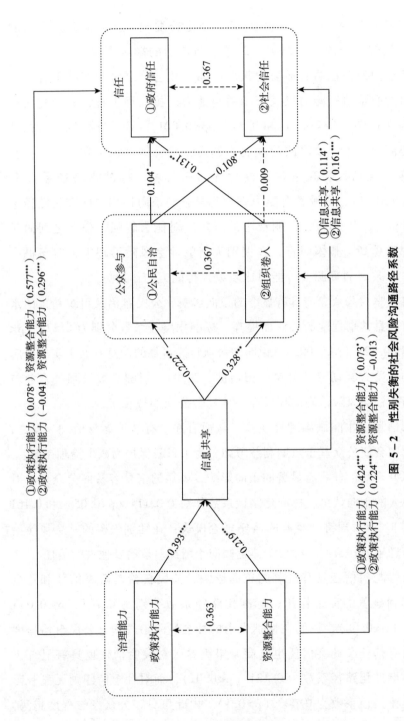

图 5－2　性别失衡的社会风险沟通通路径系数

注：（1）单向箭头表示因果关系，双向箭头表示相关关系。（2）实线表示因果关系显著；虚线表示因果关系不显著。（3）路径上的标号①②表示中介变量和因变量，以治理能力到信任这一路径为例，"①政策执行能力"表示政策执行能力对政府信任的影响，"②政策执行能力"表示政策执行能力对社会信任的影响。（4）*p<0.1；**p<0.05；***p<0.01；****p<0.001。

三　中介效应检验

在上述主效应分析的基础上，本书将继续对性别失衡的社会风险沟通路径机制中的多重中介效应（multiple mediation）进行检验，考察变量之间的中介效应能够明确特定路径的影响强度。本节以信任为因变量，治理能力为自变量，信息共享和公众参与为中介变量，构建了治理能力与信任之间的所有路径机制，并通过 Bootstrap 检验法重复抽样 1000 次检验多重中介效应的显著性。Bootstrap 检验法的基本原理是：以研究样本为抽样总体，采用有放回的重复取样，从样本中反复抽取一定数量的样本，通过平均每次抽样得到的参数形成最后的估计结果。根据标准化系数的显著性并辅之以 95% 和 90% 水平上的置信区间来综合判断间接效应的显著性，若标准化系数显著且置信区间不包含 0 值，则中介效应通过显著性检验；若标准化系数不显著且置信区间包含 0 值，则未通过显著性检验。该方法既不需要满足正态性假设，也不需要大样本。中介效应模型检验得到的整体拟合指标为：$\chi^2 = 1603.005$（df = 539）、RMSEA 为 0.046（90% 置信区间为 [0.043，0.049]）、CFI 为 0.919、TLI 为 0.911、WRMR 为 1.401。上述内容表明模型整体拟合效果非常理想，结果如表 5-7 所示。

信息共享在治理能力与公众参与之间发挥显著的中介作用。政策执行能力和资源整合能力对公民自治的间接效应值分别为 0.087 和 0.049，95% 水平上的置信区间分别为 [0.040，0.134] 和 [0.015，0.082]；政策执行能力和资源整合能力对组织卷入的间接效应值分别为 0.129 和 0.072，95% 水平上的置信区间分别为 [0.068，0.190] 和 [0.026，0.118]。政府的政策执行能力和资源整合能力通过信息共享作用于公民自治和组织卷入的间接效应在 95% 水平上的置信区间均不包含 0 值，表明信息共享的中介作用显著。作为性别失衡的社会风险协同治理的主导者，政府的治理能力能够通过促进信息共享，有效推动社会公众参与。

治理能力，无论是政策执行能力还是资源整合能力，通过信息共享作用于政府信任的间接效应在 95% 水平上的置信区间均包含 0 值，表明信息共享在治理能力与政府信任之间的中介效应不显著。政策执行能力和资源整合能力对社会信任的间接效应值分别为 0.063 和 0.035，95% 水平上的置信区间分别为 ［0.010，0.117］ 和 ［0.003，0.068］。治理能力通过信息共享作用于社会信任的间接效应在 95% 水平上的置信区间均不包含 0 值，表明信息共享在治理能力和社会信任之间的中介效应显著。在性别失衡的社会风险协同治理中，政府通过公开与社会公众利益攸关的信息，能够显著提升社会信任水平。

政策执行能力通过公民自治和组织卷入作用于政府信任的间接效应值分别为 0.044 和 0.029，在 95% 水平上的置信区间为 ［0.000，0.088］① 和 ［0.004，0.054］，均不包含 0 值，表明公众参与的中介效应显著。资源整合能力通过公民自治和组织卷入作用于政府信任的间接效应在 95% 水平上的置信区间均包含 0 值，表明公众参与在资源整合能力与政府信任之间不存在显著的中介效应。政策执行能力通过公民自治作用于社会信任的间接效应值为 0.046，在 95% 水平上的置信区间为 ［0.002，0.090］，不包含 0 值，而通过组织卷入的间接效应在 95% 水平上的置信区间包含 0 值，表明在政策执行能力→社会信任的路径中，公民自治的中介作用显著，而组织卷入的中介作用不显著。资源整合能力通过公民自治和组织卷入作用于社会信任的间接效应在 95% 水平上的置信区间均包含 0 值，表明公众参与的中介效应不显著。在性别失衡的社会风险协同治理中，政府治理能力能够促进公众参与，进而提升信任水平。

政策执行能力通过信息共享，进而作用于公民自治，影响政府信任的间接效应值为 0.009，虽然在 95% 水平上的置信区间包含 0 值，但在 90% 水平上的置信区间为 ［0.001，0.017］，不包含 0 值，表明二者发挥了一定的链式中介作用。政策执行能力通过信息共享，作用于组织卷入，进而影响政府信任的间接效应值为 0.017，在 95% 水平上的置信区间为 ［0.001，0.033］，不包含 0 值，表明信息共享和组织卷入的链式中介作用显著。资源整合能力通过信息共享，进而作用于公民自治

---

① 置信区间下限大于 0，但由于只能保留小数点后三位，所以是 0.000。

和组织卷入，影响政府信任的间接效应值分别为 0.005 和 0.009，二者在 95% 水平上的置信区间均包含 0 值，但在 90% 水平上的置信区间分别为 ［0.000，0.010]① 和 ［0.001，0.018]，不包含 0 值，表明信息共享和公众参与发挥了一定的链式中介作用。在性别失衡的社会风险协同治理中，政府治理能力可以通过促进信息共享，推动公众参与，进而提升政府公信力。

政策执行能力以及资源整合能力通过信息共享，进而通过公民自治，影响社会信任的间接效应值分别为 0.009 和 0.005，虽然在 95% 水平上的置信区间均包含 0 值，但在 90% 水平上的置信区间分别为 ［0.000，0.019］ 和 ［0.000，0.010]②，不包含 0 值，表明信息共享和公民自治在治理能力与社会信任之间发挥了一定的链式中介作用。政策执行能力以及资源整合能力通过信息共享，作用于组织卷入，进而影响社会信任的间接效应在 95% 水平上的置信区间均包含 0 值，表明信息共享和组织卷入的链式中介作用不显著。在性别失衡的社会风险协同治理中，政府治理能力通过提升公众的信息获取水平，促进公民自治，进而增强社会互信度。

表 5-7　性别失衡的社会风险沟通路径机制中介效应检验结果

中介路径	间接效应值		95%置信区间		90%置信区间	
	标准化系数	标准差	LL2.5%	UL2.5%	LL5%	UL5%
治理能力→公民自治						
政策执行能力→信息共享→公民自治	0.087***	0.024	0.040	0.134	0.048	0.127
资源整合能力→信息共享→公民自治	0.049**	0.017	0.015	0.082	0.021	0.077
治理能力→组织卷入						
政策执行能力→信息共享→组织卷入	0.129***	0.031	0.068	0.190	0.078	0.180
资源整合能力→信息共享→组织卷入	0.072**	0.023	0.026	0.118	0.034	0.110
治理能力→政府信任						
政策执行能力→信息共享→政府信任	0.045	0.028	-0.010	0.099	-0.001	0.091

---

① 置信区间下限大于 0，但由于只能保留小数点后三位，所以是 0.000。

② 置信区间下限大于 0，但由于只能保留小数点后三位，所以是 0.000。

续表

中介路径	间接效应值		95%置信区间		90%置信区间	
	标准化系数	标准差	LL2.5%	UL2.5%	LL5%	UL5%
政策执行能力→公民自治→政府信任	0.044*	0.022	0.000	0.088	0.007	0.081
政策执行能力→组织卷入→政府信任	0.029*	0.013	0.004	0.054	0.008	0.050
政策执行能力→信息共享→公民自治→政府信任	0.009+	0.005	-0.001	0.019	0.001	0.017
政策执行能力→信息共享→组织卷入→政府信任	0.017*	0.008	0.001	0.033	0.003	0.030
资源整合能力→信息共享→政府信任	0.025	0.016	-0.006	0.056	-0.001	0.051
资源整合能力→公民自治→政府信任	0.008	0.006	-0.003	0.019	-0.002	0.017
资源整合能力→组织卷入→政府信任	-0.002	0.006	-0.013	0.009	-0.011	0.008
资源整合能力→信息共享→公民自治→政府信任	0.005+	0.003	-0.001	0.011	0.000	0.010
资源整合能力→信息共享→组织卷入→政府信任	0.009+	0.005	-0.001	0.020	0.001	0.018
治理能力→社会信任						
政策执行能力→信息共享→社会信任	0.063*	0.027	0.010	0.117	0.018	0.108
政策执行能力→公民自治→社会信任	0.046*	0.022	0.002	0.090	0.009	0.083
政策执行能力→组织卷入→社会信任	0.002	0.013	-0.023	0.027	-0.019	0.023
政策执行能力→信息共享→公民自治→社会信任	0.009+	0.006	-0.001	0.020	0.000	0.019
政策执行能力→信息共享→组织卷入→社会信任	0.001	0.008	-0.015	0.017	-0.012	0.014
资源整合能力→信息共享→社会信任	0.035*	0.017	0.003	0.068	0.008	0.062
资源整合能力→公民自治→社会信任	0.008	0.007	-0.006	0.021	-0.003	0.019
资源整合能力→组织卷入→社会信任	0.000	0.003	-0.006	0.005	-0.005	0.004
资源整合能力→信息共享→公民自治→社会信任	0.005+	0.003	-0.001	0.011	0.000	0.010
资源整合能力→信息共享→组织卷入→社会信任	0.001	0.004	-0.008	0.009	-0.007	0.008

注：（1）Bootstrap=1000次。（2）+p<0.1；* p<0.05；** p<0.01；*** p<0.001。

四　影响效应分解

（一）治理能力对公众参与的中介效应

政策执行能力对公民自治的直接效应值为 0.424（p<0.001），通过信息共享影响公民自治的间接效应值为 0.087（在 95%的置信水平上显著），间接效应在总效应中所占比例为 0.087/（0.087+0.424）= 0.17，说明政策执行能力对公民自治的影响能够被信息共享解释的比例为 17%。资源整合能力对公民自治的直接效应值为 0.073（p<0.05），通过信息共享作用于公民自治的间接效应值为 0.049（在 95%的置信水平上显著），间接效应占总效应的比例为 0.049/(0.049+0.073)= 0.40，说明信息共享所发挥的中介效应解释了总效应的 40%。

政策执行能力对组织卷入的直接效应值为 0.224（p<0.001），通过信息共享影响组织卷入的间接效应值为 0.129（在 95%的置信水平上显著），间接效应占总效应的比例为 0.129/(0.129+0.224)= 0.37，说明政策执行能力对组织卷入的积极影响有 37%是通过信息共享的中介作用产生的。资源整合能力对组织卷入的直接效应（标准化系数为-0.013，p>0.1）在统计上不具有显著性，但通过信息共享影响组织卷入的间接效应值为 0.072（在 95%的置信水平上显著），表明信息共享在资源整合能力和组织卷入之间具有完全的中介效应。

（二）治理能力对信任的中介效应

政策执行能力对政府信任的直接效应值为 0.078（p<0.1），总间接效应为 0.144（在 95%的置信水平上显著），占总效应的 65%［0.144/(0.144+0.078)］，由四条中介链产生：第一，政策执行能力→公民自治→政府信任产生的间接效应值为 0.044；第二，政策执行能力→组织卷入→政府信任产生的间接效应值为 0.029；第三，政策执行能力→信息共享→公民自治→政府信任产生的间接效应值为 0.009；第四，政策执行能力→信息共享→组织卷入→政府信任产生的间接效应值为 0.017。资源整合能力对政府信任的直接效应为 0.577（p<0.001），总间接效应为 0.045（在 95%的置信水平上显著），占总效应的 7%［0.045/（0.045+

0.577)]，通过两条中介链产生：第一，资源整合能力→信息共享→公民自治→政府信任产生的间接效应值为 0.005；第二，资源整合能力→信息共享→组织卷入→政府信任产生的间接效应值为 0.009。

政策执行能力对社会信任的直接效应在统计上不具有显著性（标准化系数为 -0.041，p>0.1），但其总间接效应为 0.122（在 95% 的置信水平上显著），表明信息共享和公众参与在二者之间发挥了完全中介效应，通过三条中介链产生：第一，政策执行能力→信息共享→社会信任；第二，政策执行能力→公民自治→社会信任；第三，政策执行能力→信息共享→公民自治→社会信任。资源整合能力对社会信任的直接效应为 0.296（p<0.001），总间接效应为 0.049（在 95% 的置信水平上显著），占总效应的 14%[0.049/（0.049+0.296）]，由两条中介链产生：第一，资源整合能力→信息共享→社会信任；第二，资源整合能力→信息共享→公民自治→社会信任。

第四节　不同风险水平下性别失衡的社会风险沟通路径差异

本节采用多群组结构方程模型分析方法对不同风险水平下性别失衡的社会风险沟通路径差异进行比较。该方法的基本原理是将样本进行分组后，分别构建结构方程模型，通过对比路径结果是否存在差异，评估模型是否在不同群组间具有参数不变性。本节只关注两种风险水平下的路径差异，即不考虑中介效应，仅比较各变量之间的主效应。

一　高风险水平

按照与总样本相同的建模策略，得到高风险水平下的结构方程模型拟合指标为：$\chi^2 = 927.005$（df = 539）、RMSEA 为 0.044（90% 置信区间为 [0.039，0.049]）、CFI 为 0.967、TLI 为 0.964、WRMR 为 1.106。以上指标表明模型拟合效果较好，各变量之间的标准化路径系数如图 5-3 所示。

在高风险水平下，性别失衡的社会风险沟通效果较差。尽管政策执行能力和资源整合能力均对信息共享具有显著的正向影响，标准化路径系数分别为 0.384（p<0.001）和 0.265（p<0.001），但信息共享对公众

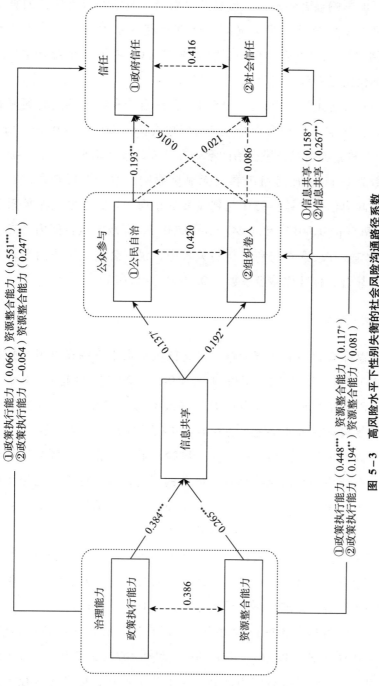

图 5-3　高风险水平下性别失衡的社会风险沟通路径系数

注：（1）单向箭头表示因果关系，双向箭头表示相关关系。（2）实线表示因果关系显著，虚线表示因果关系不显著。（3）路径上的标号①②表示中介变量和因变量，以治理能力到信任这一路径为例，"①政策执行能力"表示政策执行能力对政府信任的影响，"②政策执行能力"表示政策执行能力对社会信任的影响。（4）⁺p<0.1；*p<0.05；**p<0.01；***p<0.001。

参与和信任的影响显著性不强。信息共享对公民自治和政府信任的直接效应均仅在 0.1 的统计水平上显著，标准化路径系数分别为 0.137 和 0.158，对组织卷入和社会信任的影响分别在 0.05 和 0.01 的统计水平上显著，标准化路径系数分别为 0.192 和 0.267。

对于公众参与来说，政策执行能力对公民自治和组织卷入起到显著的正向作用，标准化路径系数分别为 0.448（$p < 0.001$）和 0.194（$p < 0.01$）。资源整合能力对公民自治的影响在 0.1 的统计水平上显著，标准化路径系数为 0.117，而对组织卷入无显著影响。对于信任来说，资源整合能力对政府信任和社会信任起到显著的正向作用，标准化路径系数分别为 0.551（$p < 0.001$）和 0.247（$p < 0.001$），而政策执行能力对二者均无显著影响。在公众参与和信任的关系中，仅有公民自治作用于政府信任的路径显著，标准化路径系数为 0.193（$p < 0.01$）。

二　低风险水平

按照与总样本相同的建模策略，得到低风险水平下的模型拟合指标为：$\chi^2 = 1157.814$（$df = 539$）、RMSEA 为 0.045（90% 置信区间为 [0.042, 0.049]）、CFI 为 0.962、TLI 为 0.958、WRMR 为 1.235。上述指标表明模型拟合效果较好，各变量之间的标准化路径系数如图 5-4 所示。

在低风险水平下，性别失衡的社会风险沟通效果良好。政策执行能力和资源整合能力均对信息共享具有显著的正向影响，标准化路径系数分别为 0.381（$p < 0.001$）和 0.161（$p < 0.01$），并且信息共享对公众参与和信任起到显著的正向影响。信息共享对公民自治和组织卷入存在显著的正向影响，标准化路径系数分别为 0.217（$p < 0.001$）和 0.387（$p < 0.001$）。信息共享对政府信任和社会信任的直接效应分别在 0.1 和 0.05 的统计水平上显著，标准化路径系数分别为 0.144 和 0.153。

政策执行能力和资源整合能力均对公民自治具有显著的正向影响，标准化路径系数分别为 0.380（$p < 0.001$）和 0.107（$p < 0.01$）。对于组织卷入来说，仅有政策执行能力起到显著的正向作用，标准化路径系数为 0.220（$p < 0.001$），而资源整合能力则无显著影响。对于信任来说，无

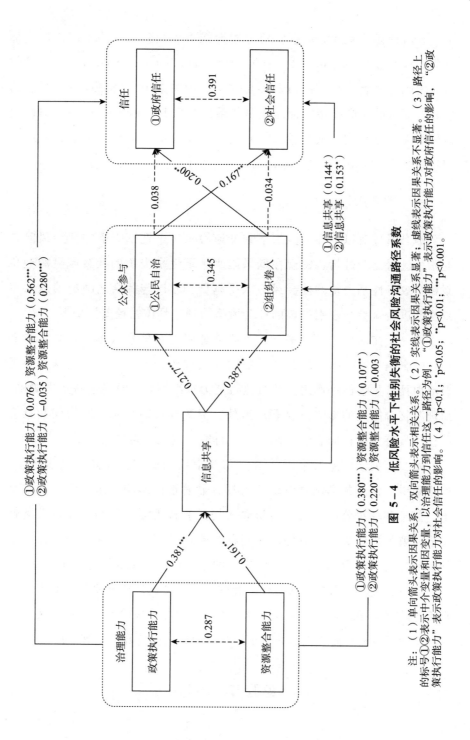

图 5-4 低风险水平下性别失衡的社会风险沟通路径系数

注：（1）单向箭头表示因果关系，双向箭头表示相关关系。以治理能力到信任这一路径为例，"①政策执行能力"表示政策执行能力对政府信任的影响，"②政策执行能力"表示政策执行能力对社会信任的影响。（4）*p<0.1；**p<0.05；***p<0.01；****p<0.001。（2）实线表示因果关系显著，虚线表示执行因果关系不显著。（3）路径上的标号①②表示中介变量和因变量，"①政策执行能力"表示政策执行能力对政府信任的影响，"②政策执行能力"

论是政府信任还是社会信任，资源整合能力均起到显著的正向作用，标准化路径系数分别为 0.562（p<0.001）和 0.280（p<0.001），而政策执行能力则无显著影响。在公众参与和信任的关系中，公民自治对社会信任具有显著的正向作用，标准化路径系数为 0.167（p<0.01），而对政府信任则无显著影响。组织卷入对政府信任具有显著的正向影响，标准化路径系数为 0.200（p<0.01），而对社会信任则无显著影响。

三　差异比较

本书通过对以上高风险水平和低风险水平下性别失衡的社会风险沟通路径进行比较分析，发现在低风险水平下性别失衡的社会风险沟通机制更有效。性别失衡的社会风险水平越低，政府与社会之间的信息共享越能促进公众参与性别失衡的社会风险治理。具体路径差异如下。

第一，在两种风险水平下，政府治理能力对信息共享、公众参与和信任的影响基本一致。政策执行能力和资源整合能力对信息共享和公民自治均具有显著促进作用。政策执行能力对组织卷入具有显著正向影响，而资源整合能力的影响不显著。另外，资源整合能力对政府信任和社会信任均具有显著正向影响，而政策执行能力则无显著影响。

第二，关于信息共享对公众参与和信任的影响。在高风险水平下，严格来讲，信息共享仅对组织卷入具有显著正向影响，而在低风险水平下，信息共享对公民自治和组织卷入均具有显著促进作用，并且显著性更强、解释力度更大。另外，在两种风险水平下，信息共享均对社会信任具有显著正向影响，而对政府信任的影响仅在 0.1 的统计水平上显著。

第三，关于公众参与和信任之间的关系。在高风险水平下，只有公民自治与政府信任之间存在显著正相关关系，而在低风险水平下，公民自治对社会信任具有显著正向影响，组织卷入对政府信任具有显著正向影响。

第五节　小结

本章根据性别失衡的社会风险协同治理机制分析框架，对其核心动力进行实证检验，揭示了性别失衡的社会风险沟通机制的有效性及情境差异。性别失衡的社会风险沟通以建立信任为主线，强调政府与公众之间的信息流动与交流。信息共享使公众能够获取更多性别失衡的社会风险及治理的相关信息，从而与政府开展有效沟通并实现良性互动。基于理论分析，本章提出的性别失衡的社会风险沟通的具体路径为"治理能力→信息共享→公众参与→信任"，具体研究发现和主要结论如下。

第一，信息共享架构起政府与公众之间的对话平台，将对性别失衡的社会风险沟通的静态描述转变为动态过程，信息共享在治理能力与公众参与之间发挥显著的中介作用。一方面，治理能力对信息共享具有显著的促进作用。信息公开是政府治理能力现代化的重要内容和内在要求，政府的治理能力越强，与社会公众之间的信息共享程度越高。这一发现与已有研究一致，政府拥有的资源与能力是影响政府信息公开与共享的重要因素（马亮，2012；阎波等，2013）。另一方面，信息共享能够有效地促进公众参与性别失衡的社会风险治理。信息共享的程度越深，公众参与的条件就越充分，因而参与的广度和深度就越高。刘小康（2015）对信息公开与公众参与之间的关系进行了讨论，提出政府信息公开影响公众参与的机理在于减少信息不对称，强调信息公开的全面性、准确性、动态性和连续性。因此，随着中国性别失衡的社会风险治理进入攻坚期和深水区，需要将信息共享纳入政府常态化治理过程。没有知情权，就谈不上参与权。政府通过打破信息流动的屏障，消除信息鸿沟，能够使公众更愿意与政府合作，从而积极参与性别失衡的社会风险治理。

第二，信息共享是政府构筑合法性的需要和基础，能够将政府的治理能力落到实处，切实提升政府公信力及社会互信度，信息共享在治理能力与信任之间发挥部分中介作用。根据委托代理理论，政府通过官方渠道公布权威信息，能够满足公众对真实信息的需要，减少信息不对称，从而增强风险应对信心，合作共治才能够取信于民。与已有研究一致，信息共享对政府信任和社会信任均具有显著的促进作用。Grimmelikhuijsen 和 Meijer（2014）运用社会心理学的理论，通过实证研究发现，信息共享有益于培养信任作为公民成果，而信息缺失则会消解信任。芮国强和宋典（2012b）发现政府信息公开的内容、渠道和效果均对政府信任具有积极的促进作用。任珐（2018）基于22个国家的样本，运用分层线性回归分析，提出按照工具理性逻辑，政府信息可得性对个体政治信任具有显著的正向影响。另外，信息共享在治理能力与社会信任之间发挥显著的中介作用。因此，政府可以通过加大信息共享力度，提升社会信任水平，即提高公众对"陌生人"的认同感，从而培养风险大共同体意识，最终保证性别失衡的社会风险沟通机制有效运转。

第三，公众参与打开了单向的风险沟通机制，通过利益表达打破了政府"黑箱"，治理能力通过促进公众参与可以提升政府公信力及社会互信度，公众参与在治理能力与信任之间发挥重要中介作用。性别失衡的社会风险的公共性决定了治理中公众参与的必要性，一方面，治理能力与公众参与存在显著正相关关系，较高的治理能力能够增强公众的政治效能感，为公众参与提供动力。李咏梅（2015）对农村生态环境治理中的公众参与度进行探析发现，政府治理能力的强弱直接影响公众参与度。另一方面，公众参与能够促进需求实现，对信任具有显著的积极影响。公众参与度越高，政府信任及社会信任越容易实现。Wang 和 Van Wart（2007）通过实证研究发现，公众参与通过建立共识、伦理行为、问责实践、服务能力以及管理能力五个中介因素提升信任水平。因此，政府通过制定公共政策并整合公共资源，能够促进性别失衡的社会风险协同治理中的公众参与，从而培养作为社会资本重要组成部分的政府信任和社会信任，最终促成协同治理合力的形成。

第四，在性别失衡的社会风险治理中，信息共享和公众参与作为关键中介变量，有效衔接了治理能力与信任。具体而言，政府通过建立制度化的信息共享平台和程序化的公众参与路径，形成了双向互动的风险沟通模式。一方面，根据理性选择理论，信任是社会公众对政府资源及政策过程的理性计算，信任与否主要取决于政府治理能力的高低，政府治理能力的提升会直接促进社会公众信任水平的提高（孟天广、李锋，2017）。政府信任是公众基于理性的认知判断，当政府的治理行为及制定的政策与其预期一致时，政府公信力就会增强。对于社会信任，政府治理能力能够降低社会交易与合作的成本，从而增强公众之间的信任感。另一方面，政府通过促进信息共享，建立和启动公众理性，使公众更愿意参与治理，从而提高其信任水平。信息共享和公众参与在治理能力与信任之间发挥显著的链式中介作用，形成了政策执行能力→信息共享→公民自治→政府信任、政策执行能力→信息共享→组织卷入→政府信任、资源整合能力→信息共享→公民自治→政府信任、资源整合能力→信息共享→组织卷入→政府信任、政策执行能力→信息共享→公民自治→社会信任、资源整合能力→信息共享→公民自治→社会信任等多条作用路径，表明治理能力对信任产生影响需要通过信息共享和公众参与的连续中介作用才能实现。

第五，不同风险水平下性别失衡的社会风险沟通存在路径差异，在低风险水平下，性别失衡的社会风险沟通机制更具有效性。虽然在两种风险水平下，治理能力与信息共享、公众参与以及信任之间的关系基本不存在显著差异，但信息共享和公众参与在风险沟通中的作用明显不同。在高风险水平下，严格来讲，信息共享仅对组织卷入具有显著影响，在低风险水平下，信息共享会显著正向影响公民自治以及组织卷入。另外，在两种风险水平下，公众参与和信任之间的关系也存在差异。与高风险水平下，仅有公民自治对政府信任具有显著促进作用不同，在低风险水平下，公民自治与社会信任呈显著正相关关系，组织卷入则对政府信任具有显著正向影响。可见，在低风险水平下，政府与公众之间的风险沟通更顺畅，更容易达成预期目标。

综上所述，在性别失衡的社会风险协同治理过程中，信息共享能够实现政府施政过程与社会公众参与的良性互动。政府作为联络员，应确保信息畅通和知识共享，为公众参与治理创造条件并提供平台，从而建构信任关系。

第六章　性别失衡的社会风险应对

本章采用结构方程模型，对性别失衡的社会风险应对的路径机制展开实证检验，即对政府与社会协同治理性别失衡的社会风险的效果进行评估。协同治理绩效并不完全是政府政策执行与资源配置的结果，而是政府与来自社会公众的输入共同作用的产物。政府与公众协同互动，建立良好的信任关系，协同效应才能充分体现。本章将从绩效视角审视性别失衡的社会风险协同治理机制运行的结果。一方面，厘清机制的核心要素及关键环节，检验治理效果；另一方面，剖析治理的现实情境，形成差异化的风险应对路径。

第一节　研究设计

风险应对是风险治理机制运行的最终环节，侧重于对治理效果进行系统评估。治理绩效一直是公共行政研究的核心关注点，目前关于治理绩效的影响因素研究主要集中于政府制度输入、社会公众参与以及二者互动产生的社会资本等方面，并且存在制度输入推动公众参与，进而形成社会资本，最终决定治理绩效这样一条潜在机制。阿尔蒙德和维伯（1989）通过对一些国家的政治发展情况进行研究，提出民主绩效不仅取决于政治结构，也取决于公民文化。帕特南（2001）提出公民共同体发展状况与制度绩效呈高度正相关关系，并运用社会资本理论解释了这一作用机理，居民通过参与社会组织逐步形成互惠规范，因而更愿意相信政府，并且能够团结合作，由此使政策反应更灵敏且有效。尽管就社会资本的定义和测量方式仍未达成共识，但学者们普遍认为正式和非正式协会的密集网络以及相伴而生的普遍信任和互惠规范代表了社会资本概念的核心。之后，大量学者借鉴帕特南的研究模式对治理绩效展开研究。Knack（2002）利用美国各州的数据，分析了各种形式的社会资本对政府绩效的影响。Coffé 和 Geys（2005）将实证研究扩展至地方政府层面，为社会资本的影响提供了更为严格的检验方法，结果同样支持社会资本对政府绩效具有积极影响。Andrews 和 Brewer（2013）探讨了社会资本和政府治理能力对美国各州主要公共服务绩效的单独和综合影响。基于上述分析可知，治理绩效是政府与社会协同共治的结果。

性别失衡的社会风险应对是协同动力运转的结果，就是政府与社会协同共治，以提升公众对治理过程的积极评价水平，从而降低其性别失衡的社会风险感知程度，以阻断社会风险的进一步放大与扩散，最终规范和约束性别偏好的过程。具体研究路径为"治理能力→信息共享→公众参与→信任→过程绩效→结果绩效"。

一　过程绩效

第一，治理能力是保障性别失衡的社会风险协同治理过程有效的系统动能。公共政策和资源禀赋的有效利用，直接关系到治理的开展和目标的实现。根据 Stier（2015）的研究，治理能力是治理绩效的重要预测因素，具有显著正向影响。过程绩效作为一种感知绩效，来源于公众对治理的期望与实际体验的主观比较，因而受政府政策执行能力以及资源整合能力的直接影响。在性别失衡的社会风险协同治理中，政府的政策执行能力及资源整合能力越强，公众对治理及服务的评价越积极。

第二，信息共享影响公众对性别失衡的社会风险协同治理过程的判断。公开透明与治理绩效之间的关系一直是公共行政领域的研究重点，信息共享日益成为治理的核心举措，被称为披露治理（Zhang and Wang，2021）。一方面，信息共享能够满足公众获取真实信息的现实需求，从而抵抗信息不对称导致的恐慌，促进心理疏导，有助于直接提高公众对治理过程的评价。另一方面，信息共享可以通过启用"软执法"（soft en-forcement）机制，例如公众参与和信任等，来间接提高公众对政府的回应性、有效性、满意度与可靠性的评价（Schleifer et al.，2019）。既有实证研究表明，信息共享具有"增效"效应，即能够显著提升公众对治理绩效的主观感知（Porumbescu，2017）。

第三，公众参与是实现性别失衡的社会风险协同治理有效性、问责性以及响应性的有效手段。已有公共治理研究中，公众参与对公共服务绩效至关重要，因为政府回应的成败几乎取决于公众的看法（Neshkova and Guo，2012）。公众参与是风险应对的一项刚性规则，公众具有双重属性：一方面作为政府的服务对象，能够整合需求并表达偏好，打破政府"黑箱"，使得治理更具有针对性和契合性；另一方面作为政府的合作伙伴，可以提高政府回应性以及过程有效性。其一，公众通过公民自治直接参与治理，能够在共享治理过程中，逐步重塑公共管理与服务，使其向预期方向发展。其二，社区组织对公共组织具有积极的外部性，组织卷入能够通过社交网络鼓励形成共同规范，以解决特定问题。因此，公众参与被视为提升治理绩效的必要手段，主观绩效取决于公众偏好的满足程度（Mizrahi et al.，2009）。

第四，信任是性别失衡的社会风险协同治理有效性的重要基础性条件，并且通过合法性嵌入政府治理能力之中（庞玉清，2018）。作为一种重要的非正式制度资源，信任是风险状态下影响治理成败的关键要素。因而，有学者提出建构信任体系对于提高治理绩效的作用是显而易见的，信任是简化社会复杂性的现实机制（卢曼，2005）。性别失衡的社会风险协同治理旨在化解个人利益与集体利益之间的冲突，性别选择为个人机会主义提供了载体，而信任则是摆脱机会主义的有效工具。信任有助于产生对治理的长远预期，加大公众对政策和服务的支持力度。因此，公众对治理过程的评价会随着信任水平的提高而变得更加积极，对政府及社会信任水平越高的公众，越有可能对治理过程感到满意，并形成正向评价。反之，当社会公众持较低信任度时，在治理过程中就会产生政治疏离，从而形成对治理的负向评价（刘伟，2015）。

第五，在性别失衡的社会风险协同治理中，治理能力通过提高信息共享程度，推动公众参与，有助于建立和恢复信任，从而提高公众对治理过程的绩效评价。公众参与有助于获取大量的可靠信息，培养公民价值观，增强群体认同感，形成互惠的集体规范（Fung，2015）。Jager 等（2020）利用一个包含 305 个已编码的公共环境决策案例的数据库，确定了公众参与促进有效环境治理的关键途径为"公众参与→信任→治理绩效"。基于此，本章提出在性别失衡的社会风险协同治理中，信息共享、公众参与和信任在治理能力与过程绩效之间发挥单一及链式中介作用。

二 结果绩效

性别失衡的社会风险协同治理的最终目的是培养个体对性别失衡的社会风险的理性认知，以转变其性别偏好，从而阻断微观个体风险向宏观社会风险的扩散与放大。因此，本章对结果绩效进行二阶段观察，具体观察内容包括一阶风险感知与二阶性别偏好。

学者们对关于风险感知研究的效用价值具有明显分歧，对是否将风险感知纳入风险管理决策存在争议：赞同者认为风险感知是管理决策的前提，而反对者则认为风险感知只是噪声和偏见（Pidgeon，1998）。在当下中国风险社会的现实情境中，从风险感知角度来研究中国社会风险的构成、变化及治理具有必要性（贝克等，2010）。主观建构的风险感知是对现实客观社会风险的一种映射，并且会随着认知层次的提升和认知范围的扩大而不断深化，因而能够帮助决策主体合理地评估社会风险，制定更有效的应对之策，防止社会风险向公共危机进一步演化（Joseph and Reddy，2013）。中国的性别失衡是一种结构性风险，置身其中的每个人都同样脆弱。在高风险社会情境下，公众容易形成认知偏差，因此，性别失衡的社会风险协同治理的最终目标首先是引导形成准确的风险认知。

男孩偏好是造成性别失衡的根本原因，要从根本上治理性别失衡的社会风险，必须转变男孩偏好、促进性别平等。已有研究中学者们主要从三种视角出发，探析男孩偏好的生成机制。第一个是基于经济理性的个人主义研究视角，将男孩偏好视为理性选择的结果（杨雪燕、爱因斯坦，2012）；第二个是基于文化制度的结构主义研究视角，认为男孩偏好是由传统的父系文化制度所决定的（Das Gupta et al.，2003）；第三个是基于实践干预的公共治理视角，探究治理要素，如治理结构和治理工具等，对男孩偏好的影响（尚子娟等，2015）。但以上研究视角相对割裂，使得解释存在一定局限。个人主义研究视角往往忽视了外部情境因素的影响，结构主义研究视角存在简化事件复杂性的危险，公共治理视角则仅关注治理主体的作用而对治理客体关注不足（李卫东、尚子娟，2012）。本章将整合三种视角，深入探究政府与社会协同治理对微观个体男孩偏好的影响机制。

首先，关于政府与社会协同治理的结果绩效，性别失衡的社会风险协同治理要素对结果绩效具有重要作用。

一是公众对性别失衡的社会风险感知程度以及个体的性别偏好，均受政府治理能力的直接影响。在社会问题突出、秩序混乱、政府应对风险事件不力的情况下，当社会风险进入公众认知，消极情绪蔓延会导致公众对动荡和无序的恐惧（Hendriks，2009）。故政府的治理能力不足，会使公众形成偏高的风险预期，最终导致风险被放大。另外，性别偏好一直是中国政府治理性别失衡工作的重点，治理工作以"关爱女孩行动"国家战略平台为依托，制定政策并整合资源，取得了较好的治理效果。已有实证研究证明，政策干预以及治理结构和工具对男孩偏好具有显著负向影响（杨雪燕、李树苗，2013）。因此，在性别失衡的社会风险协同治理中，政府的治理能力越强，公众对性别失衡的社会风险感知及其性别偏好程度均越低。

二是信息共享对性别失衡的社会风险感知及性别偏好具有直接影响。风险感知是在信息有限及不确定的条件下，个体对客观风险的主观建构和直觉判断（Slovic，1987）。在风险社会的现实情境下，信息、信任和信心是构建风险共同体的核心要素（王俊秀等，2020）。已有研究在信息对风险感知的影响机制上存在争议，一种观点认为，信息量作为风险的放大器，大量的信息会导致风险被高估（Weinberg，1977）；另一种观点则认为，信息缺失会提升风险感知。根据社会学习理论，个体的知识经验对其观念和行为具有重要影响。可靠的政府信息可以启发个体的风险判断，提高公众对性别失衡的社会风险的科学认识，从而对风险感知起到"缩小"效应，不充分的信息则会削弱个体的风险感知。此外，信息知识还会使个体的性别偏好在社会学习过程中发生转变，获取信息的现代性越强，越有利于个体生育观念的现代化。

三是公众在性别失衡的社会风险协同治理中的参与程度，会直接影响其风险感知水平以及性别偏好程度。公众参与有助于在偏好两极分化的情况下达成一致，从而形成趋同与合作，为积极产出提供有利条件。而公众参与不充分则会使得个体的利益需求在治理过程中被忽视，由此产生个体理性与集体理性之间的脱节，导致治理失效或低效。其一，参与治理的公众对公共问题的内在复杂性有更准确的理解，能够有效纠正自身认知偏差（Kathlene and Martin，1991）。因此，公众参与和风险感知呈负相关关系，公众参与程度越高，风险感知程度越低。其二，已有研究表明，性别失衡治理中公众的自主参与和权利意识，如参与"村规民约"修订、打击"两非"等，对于促进性别平等、削弱男孩偏好具有重要作用。

四是信任作为重要的社会资本，可以降低公共治理中的风险性和复杂性，是影响风险感知和性别偏好的关键因素。其一，信任并不会直接消除社会风险，而是会提高公众对其严重性和不确定性的准确认知（郑也夫，2001）。根据卢曼（2005）提出的"风险-信任"观点，信任与风险感知是相伴共生、一体两面的概念。信任和风险感知互为镜像（mirror images），因为两个概念均落脚于主观概率，但心理导向不同，信任指向期望结果的概率，而风险感知则指向期望结果以外的概率（Das and Teng，2004）。国外已有实证研究发现，信任会降低个体的风险感知程度，信任水平越高，风险感知程度越低（Wachinger et al.，2013）。在中国儒家文化"家长式威权主义"的情境下，政府是一种"领袖形象"，公众认为政府应为其福祉负责，并有能力解决所有问题，因而政府信任增强可以有效降低其风险感知程度。此外，当社会信任处于较高水平时，公众之间的风险沟通能够产生情感启发效应，从而降低个体在单独面对风险时的恐慌感（Ma and Christensen，2019）。因此，信任是弱化个体对性别失衡风险情境中可能出现的负性结果认识的关键要素，能够为个体提供风险屏障，以内在确定性抵抗外在不确定性，从而降低其对风险严重性的感知。其二，社区作为一个依托地缘而形成的共同体，其"差序格局"的社会关系结构，使得个体的性别偏好可能受到政府信任与社会信任的影响。根据吉登斯的"本体安全论"，政府通过构建新型的农村社会养老保障等获得的信任，能够帮助公众在风险中建立"抽离机制"，从而获得相对安全感，这样"养儿防老"的生育性别偏好将会降低（袁同成，2010）。另外，微观社会环境，特别是"初级社区"，会对个体的行为起到推波助澜的作用。生育行为并非完全的个人选择，具有"外部性"，呈现从众和攀比的特点（刘爽，2006），因而公众对社区范围内的社会信任会影响其性别偏好。

其次，关于过程绩效与结果绩效，治理绩效存在累积过程，结果绩效是由过程绩效累积而成的。过程绩效对结果绩效具有直接影响，甚至能够起决定作用。

在性别失衡的社会风险协同治理过程中，一方面，过程绩效体现着协同治理制度化运行状态的质量，公众对治理和服务的感知质量能够对其性别失衡的社会风险感知程度产生影响。公众对过程绩效的评价越高，风险感知程度就越低。另一方面，公众对治理和服务的评价，如对政策的满意度，直接影响其性别偏好程度（杨婷、杨雪燕，2014）。公众对过程绩效的评价越高，性别偏好程度就越低。另外，还有研究发现，过程绩效在协同治理要素与结果绩效之间起到中介作用（Song et al.，2021）。治理能力、信息共享、公众参与和信任能够通过提高治理及服务的感知质量，降低性别失衡的社会风险感知，削弱男孩偏好。

最后，关于二阶段观察的结果绩效，风险感知对个体行为意图具有重要影响。一般而言，风险感知越强，越有可能触发个体的防御性行为。

随着性别失衡社会风险累积效应的全面显现，个体对风险的感知可能会引起对性别偏好的担忧，越来越多的学者开始关注性别失衡的社会风险对个体性别选择的反作用。Dong 等（2021）利用中国综合社会调查数据，发现总人口性别比对男孩偏好具有显著弱化作用。Li 等（2016）通过对 2000 年全国人口普查数据的分析发现，婚姻市场上适婚男性人口数量相对于女性人口数量，即婚龄人口性别比每增加 1%，会使得生育儿子的可能性降低 0.02 个百分点，这说明婚姻市场上女性相对稀缺导致的男性人口过剩，会显著降低父母性别选择的概率。康传坤等（2020）基于 2010 年全国人口普查资料，发现当房价收入比上升 1 个单位时，城乡地区的出生性别比将显著下降 0.2 个百分点，并且影响主要是在农村地区，在城镇地区不具有显著影响。Robitaille（2020）在印度开展的一项研究发现，婚姻支出显著降低了男孩偏好程度。Song 等（2022）利用微观调查数据，首次实证检验了性别失衡的中国农村风险感知对男孩偏好的影响，发现风险感知对男孩偏好具有显著的负向影响，但以性别角色态度和儿子效用构成的传统规范对这一负向影响起到抑制作用，风险感知被视为一把"双刃剑"。根据基于暴露的理论（exposure-based theory），当个体暴露于性别失衡风险社会的环境中时，与该环境相关的感知风险具有引发态度和行为变化的潜力，故性别失衡的社会风险感知导致性别偏好发生变化。

　　基于上述分析，本书构建出的性别失衡的社会风险应对路径机制验证框架如图 6-1 所示，该机制描述了政府与社会公众协同治理性别失衡的社会风险的过程和结果。

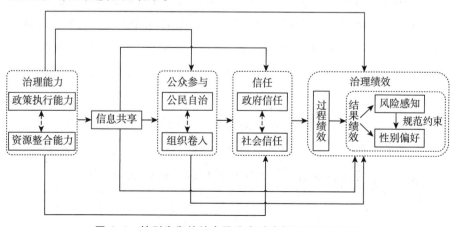

图 6-1　性别失衡的社会风险应对路径机制验证框架

第二节　样本质量检验

样本质量是实证分析的基础与前提，本章的样本质量检验方法与第五章一致，首先进行正态性检验，然后从信度和效度两个方面检验潜变量的测量质量。

一　描述性统计分析

本书对治理绩效的观测指标进行描述性统计分析，结果如表6-1所示。过程绩效和结果绩效的所有观测变量的偏度的绝对值均小于2，峰度的绝对值均小于7，表明数据分布满足多元正态性假设。

公众对过程绩效的评价普遍较高，对于计生部门服务的满意度，公众评价处于"仅满足了我的一些需求"与"我的大部分需求得到了满足"之间。对于回应性，公众普遍认为计生部门能够有效回应公众需求。对于计生部门服务的有效性，公众对"计生部门的服务有没有帮助您更有效地解决问题"的评价处于"有，它们有一些帮助"和"有，它们有很大帮助"之间。对于计生部门的可靠性，公众普遍认同当再次需要帮助的时候，还会找计生部门。

在风险感知上，公众对性别失衡的社会风险的感知水平较高，特别是与男性婚姻挤压相关的社会风险，公众普遍能够感知到"高额婚姻花费"和"男性成婚困难"。而对与女性安全相关的社会风险的感知程度相对较低，公众普遍不认同目前非常态婚姻盛行和违法犯罪活动增加。

对于性别偏好，个体的男孩偏好和儿子效用均较低。公众对"必须有一个儿子"的观点普遍持反对态度，也普遍不认同儿子的养老效用、经济效用、生活照料效用、传宗接代效用以及情感支持效用。

表 6-1　治理绩效的描述性统计分析

治理绩效	变量	题项	取值范围	均值	标准差	偏度	峰度
过程绩效	感知绩效	满意度	1~4	2.71	0.86	-0.19	2.37
		可靠性	1~4	3.19	0.71	-0.68	3.55
		有效性	1~4	3.15	0.67	-0.40	3.09
		回应性	1~4	3.20	0.67	-0.62	3.66
结果绩效	风险感知	男性成婚困难	1~5	3.70	0.93	-0.86	3.47
		高额婚姻花费	1~5	3.86	0.92	-0.99	3.92
		拐卖妇女、儿童	1~5	3.11	1.22	-0.17	1.91
		留守女性安全	1~5	3.46	1.07	-0.49	2.34
		婚外恋、婚外性行为	1~5	3.42	1.12	-0.51	2.42
		非常态婚姻	1~5	2.82	1.12	0.31	2.15
		违法犯罪活动	1~5	2.97	1.12	-0.01	1.97
		大龄未婚男性经济困难	1~5	3.41	1.01	-0.42	2.42
		大龄未婚男性养老困难	1~5	3.32	1.03	-0.24	2.16
	性别偏好	男孩偏好	1~5	2.30	1.08	0.51	2.61
		儿子养老效用	1~5	2.60	1.11	0.51	2.38
		儿子经济效用	1~5	2.53	1.10	0.58	2.50
		儿子生活照料效用	1~5	2.48	1.09	0.68	2.65
		儿子传宗接代效用	1~5	2.65	1.17	0.39	2.18
		儿子情感支持效用	1~5	2.69	1.20	0.36	2.07

二　信度检验

过程绩效和结果绩效的 KMO 检验和 Bartlett 球形检验结果如表 6-2 所示，三个量表的 KMO 值均大于 0.6 的阈值，在 0.7 以上，并且 Bartlett 球形检验中 sig. 值均为 0.000（<0.001），说明量表均具有单一维度性。

表 6-2　治理绩效的 KMO 检验和 Bartlett 球形检验结果

检验指标		过程绩效	风险感知	儿子效用
	KMO	0.736	0.834	0.855
Bartlett 球形检验	近似卡方值	1047.167	2516.117	2818.440
	df	6	36	10
	sig.	0.000	0.000	0.000
	累积解释方差	58.889%	54.339%	69.588%

过程绩效和结果绩效的内部一致性检验结果如表 6-3 所示，各潜变量的 Cronbach's α 系数分别为 0.756、0.814 和 0.891，均大于 0.7，表明量表信度较好，各测量指标之间存在良好的内部一致性。

表 6-3　治理绩效的内部一致性检验结果

	条目数量	Cronbach's α
过程绩效	4	0.756
风险感知	9	0.814
儿子效用	5	0.891

三　效度检验

首先，通过验证性因子分析对测量模型进行聚合效度检验，本书建立了包括所有潜变量在内的测量模型，模型拟合指标为 $\chi^2 = 3122.947$（df = 1280）、RMSEA 为 0.040（90% 置信区间为 [0.038, 0.042]）、CFI 为 0.950、TLI 为 0.947、WRMR 为 1.515，表明测量模型拟合效果较好。如表 6-4 所示，各潜变量的因子载荷均大于 0.4，且在 0.001 的统计水平上显著。

表 6-4　对聚合效度的验证性因子分析结果

潜变量		观测变量	标准化因子载荷	标准差
政策执行能力（GP）	GP1	全面二孩政策	0.594***	0.023
	GP2	禁止"两非"	0.605***	0.023
	GP3	孕产期全程服务	0.812***	0.013
	GP4	妇女宅基地、房屋继承权和土地承包权权益保障	0.807***	0.015

续表

潜变量		观测变量	标准化因子载荷	标准差
政策执行能力（GP）	GP5	女性就业、休假等合法权益保障	0.805***	0.013
	GP6	"婚育新风进万家"	0.846***	0.013
	GP7	对农村计划生育家庭考生调低区内调档分数线	0.794***	0.015
	GP8	按照政策规定生育的奖励扶助政策	0.844***	0.013
资源整合能力（GR）	GR1	风险防范	0.814***	0.015
	GR2	风险准备	0.863***	0.012
	GR3	紧急应对	0.857***	0.013
	GR4	服务保障	0.815***	0.014
信息共享（IS）	IS1	公开	0.732***	0.037
	IS2	透明	0.847***	0.029
	IS3	咨询	0.711***	0.037
	IS4	问责	0.492***	0.043
公民自治（CA）	CA1	参与决策	0.896***	0.013
	CA2	参与管理	0.954***	0.011
	CA3	参与监督	0.807***	0.018
组织卷入（OI）	OI1	健身/体育	0.786***	0.018
	OI2	娱乐/文艺	0.809***	0.017
	OI3	联谊	0.647***	0.026
	OI4	宗教	0.421***	0.042
	OI5	子女培养	0.688***	0.022
	OI6	个人技能	0.793***	0.018
	OI7	公益	0.727***	0.021
政府信任（GT）	GT1	能力	0.750***	0.020
	GT2	善意	0.641***	0.026
	GT3	诚信	0.619***	0.027
社会信任（ST）	ST1	被平等沟通	0.776***	0.017
	ST2	被信赖	0.792***	0.016
	ST3	被利益保护	0.609***	0.025
	ST4	平等沟通	0.778***	0.017
	ST5	信赖	0.790***	0.017
	ST6	利益保护	0.696***	0.019

潜变量		观测变量	标准化因子载荷	标准差
过程绩效 （PP）	PP1	满意度	0.636 ***	0.028
	PP2	回应性	0.684 ***	0.028
	PP3	有效性	0.793 ***	0.023
	PP4	可靠性	0.625 ***	0.026
风险感知 （RP）	RP1	男性成婚困难	0.503 ***	0.028
	RP2	高额婚姻花费	0.459 ***	0.031
	RP3	拐卖妇女、儿童	0.625 ***	0.025
	RP4	留守女性安全	0.599 ***	0.023
	RP5	婚外恋、婚外性行为	0.689 ***	0.019
	RP6	非常态婚姻	0.714 ***	0.020
	RP7	违法犯罪活动	0.680 ***	0.020
	RP8	大龄未婚男性经济困难	0.631 ***	0.024
	RP9	大龄未婚男性养老困难	0.632 ***	0.023
儿子效用 （SU）	SU1	儿子养老效用	0.805 ***	0.013
	SU2	儿子经济效用	0.804 ***	0.013
	SU3	儿子生活照料效用	0.831 ***	0.011
	SU4	儿子传宗接代效用	0.842 ***	0.012
	SU5	儿子情感支持效用	0.773 ***	0.015

注：*** $p<0.001$。

其次，通过平均方差萃取值对测量模型进行区分效度检验，结果如表6-5所示。我们从表6-5中可以看出，变量间的相关系数均小于0.85，表明不存在多重共线性。各潜变量的AVE值皆超过了0.5，表明各潜变量能够解释观测变量50%以上的方差。另外，各潜变量与其他潜变量之间的相关系数均小于其AVE平方根，表明各个潜变量之间的区分效度较好。

第三节　性别失衡的社会风险应对模型检验

一　相关分析

由于各潜变量的测量指标均为分类变量，传统线性统计推断无法直接

表6-5　AVE对区分效度的检验结果

变量	1	2	3	4	5	6	7	8	9	10
1 政策执行能力	**0.769**									
2 资源整合能力	0.355***	**0.838**								
3 信息共享	0.473***	0.349***	**0.707**							
4 公民自治	0.544***	0.321***	0.452***	**0.888**						
5 组织卷入	0.370***	0.185***	0.437***	0.526***	**0.707**					
6 政府信任	0.437***	0.709***	0.454***	0.459***	0.373***	**0.672**				
7 社会信任	0.215***	0.373***	0.327***	0.266***	0.185***	0.550***	**0.743**			
8 过程绩效	0.482***	0.410***	0.685***	0.472***	0.393***	0.474***	0.253***	**0.688**		
9 风险感知	-0.150***	-0.083*	-0.171***	-0.170***	-0.099**	-0.083*	0.011	-0.166***	**0.620**	
10 儿子效用	-0.170***	-0.106*	-0.214***	-0.083*	-0.108**	-0.078+	-0.125***	-0.159***	0.159***	**0.811**

注：（1）对角线上加粗数据为 AVE 的平方根。（2）+ $p<0.1$；* $p<0.05$；** $p<0.01$；*** $p<0.001$。

计算与其他变量之间的相关系数，本书通过建立结构方程模型估计出了潜变量之间的相关矩阵，结果如表6-6所示。过程绩效与政策执行能力、资源整合能力、信息共享、公民自治、组织卷入、政府信任和社会信任均呈显著正相关关系；风险感知与政策执行能力、资源整合能力、信息共享、公民自治、组织卷入、政府信任和过程绩效均呈显著负相关关系；儿子效用与政策执行能力、资源整合能力、信息共享、公民自治、组织卷入、政府信任、社会信任和过程绩效均呈显著负相关关系，而风险感知则与儿子效用呈显著正相关关系。上述结果初步验证了本书建构的性别失衡的社会风险应对理论框架。

二　主效应检验

在确定了各潜变量之间的相关关系后，本书构建结构方程模型以检验治理能力、信息共享、公众参与、信任与治理绩效之间的因果关系，即暂不考虑中介路径机制，仅分析各潜变量的主效应。其中，政策执行能力和资源整合能力为外生潜变量，信息共享、公民自治、组织卷入、政府信任、社会信任、过程绩效、风险感知与性别偏好是内生潜变量。首先，将男孩偏好作为二阶结果绩效的直接测量项，构建结构方程模型，得到的模型拟合指标为 $\chi^2 = 2819.457$（$df = 1083$）、RMSEA 为 0.042（90% 置信区间为 [0.040, 0.044]）、CFI 为 0.949、TLI 为 0.945、WRMR 为 1.537。其次，将儿子效用作为男孩偏好这一二阶结果绩效的深层测量项，构建结构方程模型，得到的模型拟合指标为 $\chi^2 = 3122.947$（$df = 1280$）、RMSEA 为 0.040（90% 置信区间为 [0.038, 0.042]）、CFI 为 0.950、TLI 为 0.947、WRMR 为 1.515。两个模型拟合效果均较好，各变量之间的标准化路径系数如图6-2所示。

（一）男孩偏好

首先，对于过程绩效来说，政策执行能力、资源整合能力、信息共享和公民自治均对其有显著正向影响，标准化路径系数分别为 0.101（$p<0.05$）、0.116（$p<0.1$）、0.513（$p<0.001$）、0.090（$p<0.1$），而组织卷入、政府信任和社会信任的影响则不具有统计显著性，标准化路径系

表 6-6　相关分析结果

变量	1	2	3	4	5	6	7	8	9	10
1 政策执行能力	1									
2 资源整合能力	0.355***	1								
3 信息共享	0.473***	0.349***	1							
4 公民自治	0.544***	0.321***	0.452***	1						
5 组织卷入	0.370***	0.185***	0.437***	0.526***	1					
6 政府信任	0.437***	0.709***	0.454***	0.459***	0.373***	1				
7 社会信任	0.215***	0.373***	0.327***	0.266***	0.185***	0.550***	1			
8 过程绩效	0.482***	0.410***	0.685***	0.472***	0.393***	0.474***	0.253***	1		
9 风险感知	-0.150***	-0.083*	-0.171***	-0.170***	-0.099**	-0.083*	0.011	-0.166***	1	
10 儿子效用	-0.170***	-0.106**	-0.214***	-0.083*	-0.108**	-0.078+	-0.125***	-0.159***	0.159***	1

注：+ p<0.1；* p<0.05；** p<0.01；*** p<0.001。

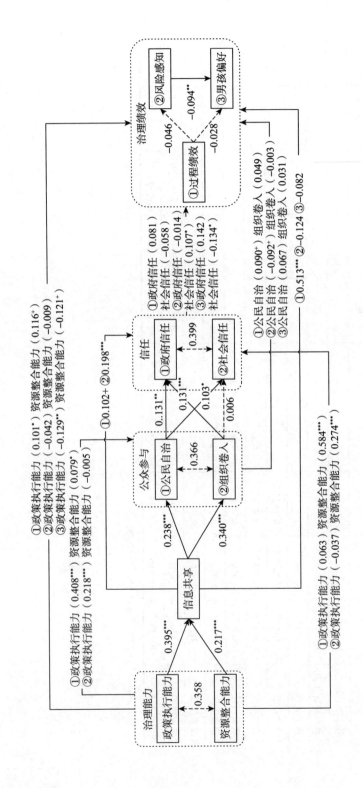

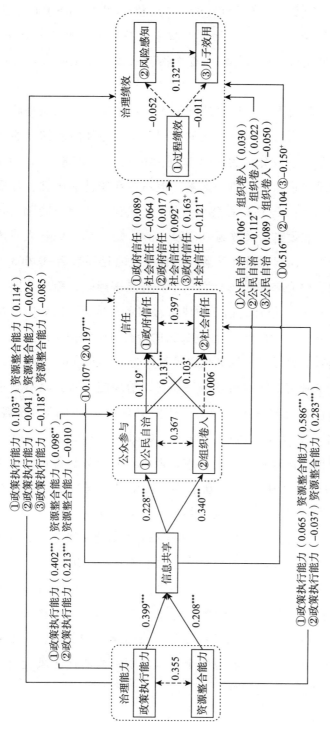

图 6-2　性别失衡的社会风险应对路径系数

注：（1）单向箭头表示因果关系，双向箭头表示相关关系。（2）实线表示因果关系显著，虚线表示因果关系不显著。（3）路径上的标号①②③表示中介变量和因变量，以治理能力到治理绩效这一路径效应一路径机制为例，"①政策执行能力"表示政策执行能力对过程绩效的影响，"②政策执行能力"表示政策执行能力对风险感知的影响，"③政策执行能力"表示政策执行能力对男孩偏好/儿子效用的影响。（4）⁺p<0.1；[*]p<0.05；^{**}p<0.01；^{***}p<0.001。

157

数分别为 0.049（p>0.1）、0.081（p>0.1）和 -0.058（p>0.1）。上述发现与已有研究结论一致，社区治理的政策支持力度、资源整合程度、信息共享水平和公民自治能力等均对社区治理绩效存在正向影响（邵任薇等，2020）。

其次，对于一阶结果绩效风险感知而言，治理能力，无论是政策执行能力还是资源整合能力，均对公众的性别失衡社会风险感知无显著直接影响，标准化路径系数分别为 -0.042（p>0.1）和 -0.009（p>0.1）。信息共享虽然对风险感知具有负向影响，但不存在统计显著性，标准化路径系数为 -0.124（p>0.1）。在公众参与中，公民自治对风险感知具有显著负向影响，标准化路径系数为 -0.092（p<0.1），而组织卷入对风险感知的影响虽然为负向但无统计显著性，标准化路径系数为 -0.003（p>0.1）。在信任中，政府信任对风险感知不具有显著影响，标准化路径系数为 -0.014（p>0.1），但社会信任对风险感知具有显著正向影响，标准化路径系数为 0.107（p<0.05）。性别失衡的社会风险协同治理过程绩效对风险感知不具有显著影响，标准化路径系数为 -0.046（p>0.1）。

最后，对于二阶结果绩效男孩偏好而言，治理能力对其具有显著负向影响，政策执行能力和资源整合能力均能有效弱化个体的男孩偏好，二者的标准化路径系数分别为 -0.129（p<0.01）和 -0.121（p<0.1）。信息共享同样对男孩偏好具有负向影响，但不具有统计显著性，标准化路径系数为 -0.082（p>0.1）。公众参与，无论是公民自治还是组织卷入，对男孩偏好均不具有显著影响，标准化路径系数分别为 0.067（p>0.1）和 0.031（p>0.1）。政府信任对男孩偏好不具有显著影响，标准化路径系数为 0.142（p>0.1），而社会信任对男孩偏好具有显著负向影响，标准化路径系数为 -0.134（p<0.05）。性别失衡的社会风险协同治理过程绩效对男孩偏好不具有显著影响，标准化路径系数为 -0.028（p>0.1）。一阶结果绩效风险感知对男孩偏好具有显著负向影响，标准化路径系数为 -0.094（p<0.01），这说明个体对性别失衡的社会风险感知程度越高，其男孩偏好程度会越低。

（二）儿子效用

儿子效用作为男孩偏好的深层代理变量，一方面，能够检验结果的稳健性与可靠性；另一方面，随着男孩偏好隐性化，对儿子效用的研究，可以深入探究和挖掘性别偏好的真实变化及影响机制。研究结果与男孩偏好的研究发现基本一致，但也存在一些比较有意思的独特发现。

首先，对于过程绩效来说，结果与上述男孩偏好的发现一致，政策执行能力、资源整合能力、信息共享和公民自治均对其有显著正向影响，标准化路径系数分别为 0.103（$p<0.01$）、0.114（$p<0.1$）、0.516（$p<0.001$）和 0.106（$p<0.05$），组织卷入、政府信任和社会信任同样不具有显著影响，标准化路径系数分别为 0.030（$p>0.1$）、0.089（$p>0.1$）和 -0.064（$p>0.1$）。

其次，对于一阶结果绩效风险感知而言，结果也与上述男孩偏好的发现一致，治理能力，无论是政策执行能力还是资源整合能力，对风险感知虽有负向影响但不具有统计显著性，标准化路径系数分别为 -0.041（$p>0.1$）和 -0.026（$p>0.1$）。信息共享对风险感知具有负向影响，但不存在统计显著性，标准化路径系数为 -0.104（$p>0.1$）。在公众参与中，公民自治对风险感知具有显著负向影响，标准化路径系数为 -0.112（$p<0.05$），而组织卷入对风险感知无显著影响，标准化路径系数为 0.022（$p>0.1$）。在信任中，政府信任对风险感知不具有显著影响，标准化路径系数为 0.017（$p>0.1$），但社会信任对风险感知具有显著正向影响，标准化路径系数为 0.092（$p<0.05$）。性别失衡的社会风险协同治理过程绩效对风险感知不具有显著影响，标准化路径系数为 -0.052（$p>0.1$）。

最后，对于二阶结果绩效儿子效用而言，政策执行能力对儿子效用具有显著负向影响，标准化路径系数为 -0.118（$p<0.05$），资源整合能力则不具有显著影响，标准化路径系数为 -0.085（$p>0.1$）。信息共享对儿子效用具有显著负向影响，标准化路径系数为 -0.150（$p<0.1$）。在公众参与中，公民自治和组织卷入均对儿子效用无显著影响，标准化路径系数分别为 0.089（$p>0.1$）和 -0.050（$p>0.1$）。政府信任对儿子效用具有显著正向影响，标准化路径系数为 0.163（p<0.1），而社会信任则具有显著负向影响，标准化路径系数为 -0.121（p<0.01）。性别失衡的社会风险协同治理过程绩效对儿子效用不具有显著影响，标准化路径系数为 -0.011（p>0.1）。一阶结果绩效风险感知对儿子效用具有显著正向影响，标准化路径系数为 0.132（p<0.001），这一发现与上述男孩偏好的研究结果不一致。

三　中介效应检验

在上述主效应分析的基础上，本书对性别失衡的社会风险应对路径机制中的多重中介效应进行检验。以结果绩效为因变量，治理能力为自变量，信息共享、公众参与、信任和过程绩效为中介变量，构建了治理能力与结果绩效之间的所有路径机制，并通过 Bootstrap 法重复抽样 1000 次，检验中介效应的显著性。首先，以男孩偏好为一阶结果绩效，构建结构方程模型，得到的模型拟合指标为 $\chi^2 = 2995.719$（df = 1083）、RMSEA 为 0.044（90% 置信区间为 [0.042, 0.046]）、CFI 为 0.883、TLI 为 0.873、WRMR 为 1.537。其次，以儿子效用为一阶结果绩效，构建结构方程模型，得到的模型拟合指标为 $\chi^2 = 3330.833$（df = 1280）、RMSEA 为 0.042（90% 置信区间为 [0.040, 0.044]）、CFI 为 0.890、TLI 为 0.881、WRMR 为 1.515。由于路径机制复杂，上述两个模型的拟合程度表明模型均可接受，结果如表6-7和表6-8所示。

表6-7　治理能力影响男孩偏好的中介效应检验结果

中介路径	间接效应值		95%置信区间		90%置信区间	
	标准化系数	标准差	LL2.5%	UL2.5%	LL5%	UL5%
治理能力→过程绩效						
政策执行能力→信息共享→过程绩效	0.203 ***	0.037	0.130	0.275	0.142	0.263
资源整合能力→信息共享→过程绩效	0.112 ***	0.035	0.043	0.180	0.054	0.169
治理能力→男孩偏好						
资源整合能力→社会信任→男孩偏好	-0.037 *	0.017	-0.069	-0.004	-0.064	-0.009

续表

中介路径	间接效应值		95%置信区间		90%置信区间	
	标准化系数	标准差	LL2.5%	UL2.5%	LL5%	UL5%
政策执行能力→信息共享→社会信任→男孩偏好	-0.010*	0.005	-0.021	0.000	-0.019	-0.002
资源整合能力→信息共享→社会信任→男孩偏好	-0.006*	0.003	-0.012	0.000	-0.011	-0.001

注：（1）Bootstrap = 1000 次。（2）* p<0.05；*** p<0.001。（3）由于路径机制复杂，为保持表格的清晰和简洁，仅展示具有统计显著性的路径机制。

表 6-8　治理能力影响儿子效用的中介效应检验结果

中介路径	间接效应值		95%置信区间		90%置信区间	
	标准化系数	标准差	LL2.5%	UL2.5%	LL5%	UL5%
治理能力→过程绩效						
政策执行能力→信息共享→过程绩效	0.206***	0.041	0.125	0.286	0.138	0.273
资源整合能力→信息共享→过程绩效	0.107**	0.055	0.039	0.175	0.050	0.164
政策执行能力→信息共享→公民自治→过程绩效	0.010+	0.005	-0.001	0.020	0.001	0.018
治理能力→风险感知						
政策执行能力→公民自治→风险感知	-0.045+	0.026	-0.095	0.005	-0.087	-0.003
治理能力→儿子效用						
资源整合能力→社会信任→儿子效用	-0.034*	0.018	-0.069	0.000	-0.063	-0.005

注：（1）Bootstrap = 1000 次。（2）+ p<0.1；* p<0.05；** p<0.01；*** p<0.001。（3）由于路径机制复杂，为保持表格的清晰和简洁，仅展示具有统计显著性的路径机制。

（一）男孩偏好

信息共享在治理能力与过程绩效之间发挥显著的中介作用，政策执行能力和资源整合能力对过程绩效的间接效应值分别为 0.203 和 0.112，95%水平上的置信区间分别为 [0.130，0.275] 和 [0.043，0.180]，均不包含 0 值。上述数据表明治理能力能够通过促进信息共享，显著提升过程绩效。

社会信任在资源整合能力与男孩偏好之间发挥显著的中介作用，资源整合能力通过社会信任作用于男孩偏好的间接效应值为 -0.037，95%

水平上的置信区间为 [-0.069, -0.004]，不包含 0 值，表明资源整合能力能够通过提升公众之间的社会信任，削弱个体的男孩偏好。

信息共享和社会信任在治理能力和男孩偏好之间发挥显著的链式中介作用，政策执行能力和资源整合能力通过信息共享，作用于社会信任，进而影响男孩偏好的间接效应值分别为-0.010 和-0.006，虽然在95%水平上的置信区间包含 0 值，但在 90%水平上的置信区间分别为 [-0.019, -0.002] 和 [-0.011, -0.001]，均不包含 0 值，表明治理能力能够通过促进信息共享，提升社会信任，从而弱化男孩偏好。

（二）儿子效用

信息共享在治理能力与过程绩效之间发挥显著的中介作用，政策执行能力和资源整合能力通过信息共享作用于过程绩效的间接效应值分别为 0.206 和 0.107，95%水平上的置信区间分别为 [0.125, 0.286] 和 [0.039, 0.175]，均不包含 0 值，表明治理能力能够通过促进信息共享，显著提升过程绩效。

政策执行能力通过信息共享，作用于公民自治，进而影响过程绩效的间接效应值为 0.010，虽然 95%水平上的置信区间包含 0 值，但 90%水平上的置信区间为 [0.001, 0.018]，不包含 0 值，表明信息共享和公民自治在政策执行能力和过程绩效之间发挥了一定的链式中介作用。

公民自治在政策执行能力与风险感知之间发挥中介作用，政策执行能力通过公民自治作用于风险感知的间接效应值为-0.045，虽然 95%水平上的置信区间包含 0 值，但 90%水平上的置信区间为 [-0.087, -0.003]，不包含 0 值，表明公民自治在一定程度上中介了政策执行能力对风险感知的影响。

社会信任在资源整合能力与儿子效用之间发挥显著的中介作用，资源整合能力通过社会信任作用于儿子效用的间接效应值为-0.034，虽然在 95%水平上的置信区间包含 0 值，但在 90%水平上的置信区间为 [-0.063, -0.005]，不包含 0 值，表明资源整合能力能够通过提升公众之间的社会信任，减弱个体的儿子效用。

四　影响效应分解

（一）男孩偏好

政策执行能力对过程绩效的直接效应为 0.101（p<0.05），总间接效应为 0.277（p<0.001），通过信息共享影响过程绩效的间接效应值为 0.203（在 95% 的置信水平上显著），间接效应在总效应中所占比例为 0.203／（0.101+0.277）= 0.54，说明政策执行能力对过程绩效的积极影响有 54% 是通过信息共享的中介作用产生的。资源整合能力对过程绩效的直接效应为 0.116（p<0.1），总间接效应为 0.159，通过信息共享影响过程绩效的间接效应值为 0.112（在 95% 的置信水平上显著），间接效应占总效应的比例为 0.112／（0.116+0.159）= 0.41，表明资源整合能力对过程绩效的影响能够被信息共享解释的比例为 41%。

政策执行能力对男孩偏好的直接效应为 -0.129（p<0.01），总间接效应为 0.034（p>0.1），通过信息共享，进而作用于社会信任，影响男孩偏好的间接效应值为 -0.010（在 90% 的置信水平上显著），间接效应占总效应的比例为 -0.010／（-0.129+0.034）= 0.11，表明信息共享和社会信任在政策执行能力与男孩偏好之间所发挥的链式中介效应解释了总效应的 11%。

资源整合能力对男孩偏好的直接效应为 -0.121（p<0.1），总间接效应为 0.034（p>0.1），通过社会信任影响男孩偏好的间接效应值为 -0.037（在 95% 的置信水平上显著），间接效应占总效应的比例为 -0.037／（-0.121+0.034）= 0.43，说明资源整合能力对男孩偏好的削弱作用能够被社会信任解释的比例为 43%。资源整合能力通过信息共享，进而作用于社会信任，影响男孩偏好的间接效应值为 -0.006（在 90% 的置信水平上显著），间接效应占总效应的比例为 -0.006／（-0.121+0.034）= 0.069，表明信息共享和社会信任在资源整合能力与男孩偏好之间所发挥的链式中介效应解释了总效应的 6.9%。

（二）儿子效用

政策执行能力对过程绩效的直接效应为 0.103（p<0.01），总间接效

应为 0.282（p<0.001），通过信息共享影响过程绩效的间接效应值为 0.206（在 95% 的置信水平上显著），间接效应在总效应中所占比例为 0.206/（0.103+0.282）=0.54，说明政策执行能力对过程绩效的积极影响有 54% 是通过信息共享的中介作用产生的。政策执行能力通过信息共享，进而作用于公民自治，影响过程绩效的间接效应值为 0.010（在 90% 的置信水平上显著），间接效应占总效应的值为 0.010/（0.103+0.282）= 0.026，表明信息共享和公民自治在政策执行能力与过程绩效之间所发挥的链式中介作用能够解释总效应的 2.6%。资源整合能力对过程绩效的直接效应为 0.114（p<0.1），总间接效应为 0.159（p<0.05），通过信息共享影响过程绩效的间接效应值为 0.107（在 95% 的置信水平上显著），间接效应占总效应的比例为 0.107/（0.114+0.159）= 0.39，说明资源整合能力对过程绩效的积极影响能够被信息共享解释的比例为 39%。

政策执行能力对风险感知的直接效应为 -0.041（p>0.1），在统计上不具有显著性，但通过公民自治影响风险感知的间接效应值为 -0.045（在 90% 的置信水平上显著），表明公民自治在政策执行能力和风险感知之间发挥完全的中介效应。政策执行能力只有通过促进公民自治，才能弱化其风险感知程度。

资源整合能力对儿子效用的直接效应为 -0.085（p>0.1），在统计上不具有显著性，但通过社会信任影响儿子效用的间接效应值为 -0.034（在 95% 的置信水平上显著），说明社会信任在资源整合能力与儿子效用之间具有完全的中介作用，资源整合能力只有通过提升社会信任，才能削弱儿子效用。

第四节　不同风险水平下性别失衡的社会风险应对路径差异

本节采用多群组结构方程模型分析方法对不同风险水平下性别失衡的社会风险应对路径差异进行分析。本节只关注两种风险水平下的路径差异，即不考虑中介效应，比较各变量之间的主效应。

一　高风险水平

分别以男孩偏好及儿子效用作为二阶结果绩效，在高风险水平下，将性别失衡的社会风险协同治理机制中的所有因素纳入结构方程模型，对其进行整体检验，结果如图6-3所示。

（一）男孩偏好

按照与总样本相同的建模策略，以男孩偏好为二阶结果绩效，建立结构方程模型，模型拟合指标为 $\chi^2 = 1755.116$（df = 1083）、RMSEA 为 0.042（90% 置信区间为 [0.038, 0.045]）、CFI 为 0.948、TLI 为 0.944、WRMR 为 1.218，表明模型拟合效果较好。

首先，对于过程绩效来说，政策执行能力和资源整合能力对过程绩效均无显著影响，标准化路径系数分别为 0.080（p>0.1）和 -0.041（p>0.1）。信息共享对过程绩效具有显著正向影响，标准化路径系数为 0.633（p<0.001）。公众参与，无论是公民自治还是组织卷入，对过程绩效均不具有显著影响，标准化路径系数分别为 0.008（p>0.1）和 0.075（p>0.1）。在信任中，政府信任能够显著提升过程绩效，标准化路径系数为 0.224（p<0.1），而社会信任则不具有显著影响，标准化路径系数为 -0.084（p>0.1）。

其次，对于一阶结果绩效风险感知而言，治理能力，无论是政策执行能力还是资源整合能力，均对其无显著直接影响，标准化路径系数分别为 -0.054（p>0.1）和 -0.030（p>0.1）。信息共享虽然对风险感知具有负向影响，但不存在统计显著性，标准化路径系数为 -0.006（p>0.1）。在公众参与中，公民自治和组织卷入对风险感知均不具有显著影响，标准化路径系数分别为 -0.115（p>0.1）和 0.073（p>0.1）。在信任中，政府信任对风险感知不具有显著影响，标准化路径系数为 0.054（p>0.1），但社会信任对风险感知具有显著正向影响，标准化路径系数为 0.144（p<0.05）。性别失衡的社会风险协同治理过程绩效对风险感知具有显著负向影响，标准化路径系数为 -0.237（p<0.1）。

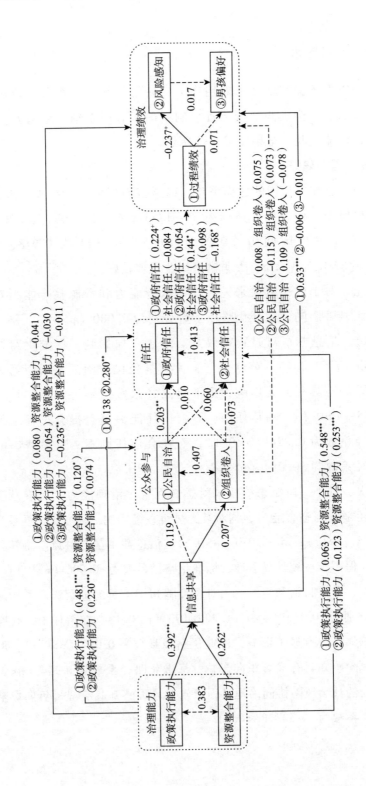

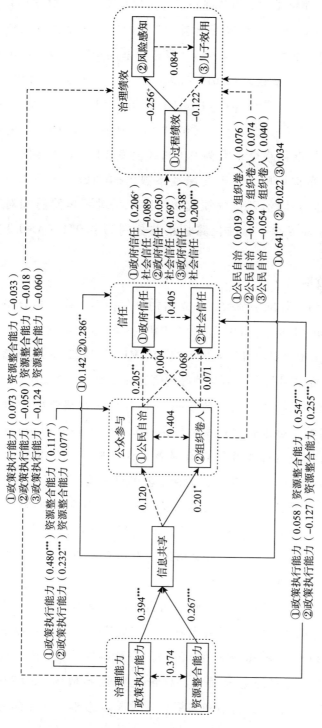

图 6-3 高风险水平下性别失衡的社会风险应对标准化路径系数

注：（1）单向箭头表示因果关系，双向箭头表示相关关系。（2）实线表示因果关系显著，虚线表示因果关系不显著。（3）路径上的标号①②③表示中介变量相同变量，以治理能力到治理绩效这一路径机制为例，"①政策执行能力"表示政策执行能力到过程绩效的影响，"②政策执行能力"表示政策执行能力对风险感知的影响，"③政策执行能力"表示政策执行能力对男孩偏好儿子效用的影响。（4）*p<0.1；**p<0.05；***p<0.01；****p<0.001。

最后，对于二阶结果绩效男孩偏好而言，政策执行能力对其具有显著弱化作用，而资源整合能力无显著影响，二者的标准化路径系数分别为 -0.236（p<0.01）和 -0.011（p>0.1）。信息共享同样对男孩偏好不具有显著影响，标准化路径系数为 -0.010（p>0.1）。公众参与，无论是公民自治还是组织卷入，对男孩偏好均不具有显著影响，标准化路径系数分别为 0.109（p>0.1）和 -0.078（p>0.1）。政府信任对男孩偏好不具有显著影响，标准化路径系数为 0.098（p>0.1），而社会信任对男孩偏好具有显著负向影响，标准化路径系数为 -0.168（p<0.05）。性别失衡的社会风险协同治理过程绩效和一阶结果绩效风险感知对男孩偏好均不具有显著影响，标准化路径系数分别为 0.071（p>0.1）和 0.017（p>0.1）。

（二）儿子效用

以儿子效用为二阶结果绩效，建立结构方程模型，模型拟合指标为 $\chi^2 = 2012.083$（df=1280）、RMSEA 为 0.040（90%置信区间为 [0.037,0.044]）、CFI 为 0.947、TLI 为 0.943、WRMR 为 1.222，说明模型拟合效果较好。研究结果与上述男孩偏好的研究发现基本一致。

首先，对于过程绩效来说，政策执行能力和资源整合能力对过程绩效均无显著影响，标准化路径系数分别为 0.073（p>0.1）和 -0.033（p>0.1）。信息共享对过程绩效具有显著正向影响，标准化路径系数为 0.641（p<0.001）。公众参与，无论是公民自治还是组织卷入，对过程绩效均不具有显著影响，标准化路径系数分别为 0.019（p>0.1）和 0.076（p>0.1）。在信任中，政府信任能够显著提升过程绩效，标准化路径系数为 0.206（p<0.1），而社会信任则不具有显著影响，标准化路径系数为 -0.089（p>0.1）。

其次，对于一阶结果绩效风险感知而言，治理能力，无论是政策执行能力还是资源整合能力，均对其无显著直接效应，标准化路径系数分别为 -0.050（p>0.1）和 -0.018（p>0.1）。信息共享虽然对风险感知具有负向影响，但不存在统计显著性，标准化路径系数为 -0.022（p>0.1）。在公众参与中，公民自治和组织卷入对风险感知均不具有显著影响，标准化路径系数分别为-0.096（p>0.1）和 0.074（p>0.1）。在信任中，政府信任对风险感知不具有显著影响，标准化路径系数为 0.050（p>0.1），但社会信任对风险感知具有显著正向影响，标准化路径系数为 0.169（p<0.05）。性别失衡的社会风险协同治理过程绩效对风险感知具有显著负向影响，标准化路径系数为-0.256（p<0.1）。

最后，对于二阶结果绩效儿子效用而言，政策执行能力和资源整合能力对儿子效用均不具有显著影响，标准化路径系数分别为-0.124（p>0.1）和-0.060（p>0.1）。信息共享对儿子效用无显著影响，标准化路径系数为 0.034（p>0.1）。公众参与中，公民自治和组织卷入均对儿子效用无显著影响，标准化路径系数分别为-0.054（p>0.1）和 0.040（p>0.1）。政府信任对儿子效用具有显著正向影响，标准化路径系数为 0.338（p<0.01），而社会信任则具有显著负向影响，标准化路径系数为-0.200（p<0.001）。性别失衡的社会风险协同治理过程绩效和一阶结果绩效风险感知对儿子效用均不具有显著影响，标准化路径系数分别为-0.122（p>0.1）和 0.084（p>0.1）。

二　低风险水平

分别以男孩偏好及儿子效用作为二阶结果绩效，在低风险水平下，将性别失衡的社会风险协同治理机制中的所有因素纳入结构方程模型，对其进行整体检验，结果如图 6-4 所示。

（一）男孩偏好

按照与总样本相同的建模策略，以男孩偏好为二阶结果绩效，建立结构方程模型，模型拟合指标为 $\chi^2 = 1999.343$（$df = 1083$）、RMSEA 为 0.039（90% 置信区间为［0.037，0.042］）、CFI 为 0.950、TLI 为 0.945、WRMR 为 1.276，表明模型拟合效果较好。

首先，对于过程绩效来说，政策执行能力和资源整合能力对过程绩效均具有显著正向影响，标准化路径系数分别为 0.106（p<0.05）和 0.199（p<0.01）。信息共享对过程绩效具有显著正向影响，标准化路径系数为 0.504（p<0.001）。公民自治对过程绩效具有显著正向影响，标准

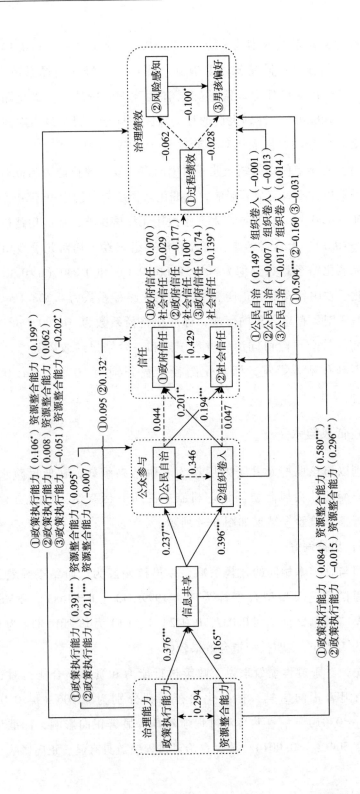

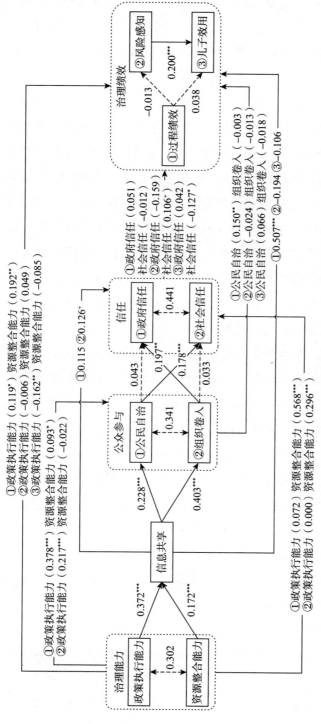

图6-4 低风险水平下性别失衡的社会风险应对标准化路径系数

注：（1）单向箭头表示因果关系，双向箭头表示相关关系。（2）实线表示因果关系显著，（3）路径上的标号①②③表示中介变量和因变量，以治理能力到治理绩效这一路径机制为例，"①政策执行能力" 表示政策执行能力对过程绩效的影响，"②政策执行能力" 表示政策执行能力对风险感知的影响，"③政策执行能力" 表示政策执行能力对男孩偏好/儿子效用的影响。（4）+p<0.1；*p<0.05；**p<0.01；***p<0.001。

化路径系数为 0.149 （p<0.05），而组织卷入不具有显著影响，标准化路径系数为-0.001 （p>0.1）。在信任中，无论是政府信任还是社会信任，对过程绩效均不具有显著影响，标准化路径系数分别为 0.070 （p>0.1）和-0.029 （p>0.1）。

其次，对于一阶结果绩效风险感知而言，治理能力，无论是政策执行能力还是资源整合能力，均对其无显著直接影响，标准化路径系数分别为 0.008 （p>0.1） 和 0.062 （p>0.1）。信息共享虽然对风险感知具有负向影响，但不存在统计显著性，标准化路径系数为-0.160 （p>0.1）。在公众参与中，公民自治和组织卷入对风险感知均不具有显著影响，标准化路径系数分别为-0.007 （p>0.1） 和-0.013 （p>0.1）。在信任中，政府信任对风险感知不具有显著影响，标准化路径系数为-0.177 （p>0.1），但社会信任对风险感知具有显著正向影响，标准化路径系数为 0.100 （p<0.1）。性别失衡的社会风险协同治理过程绩效对风险感知不具有显著影响，标准化路径系数为-0.062 （p>0.1）。

最后，对于二阶结果绩效男孩偏好而言，政策执行能力对其不存在显著影响，而资源整合能力具有显著负向影响，二者的标准化路径系数分别为-0.051 （p>0.1） 和-0.202 （p<0.05）。信息共享对男孩偏好不具有显著影响，标准化路径系数为-0.031 （p>0.1）。公众参与，无论是公民自治还是组织卷入，对男孩偏好均不具有显著影响，标准化路径系数分别为-0.017 （p>0.1） 和 0.014 （p>0.1）。政府信任对男孩偏好不具有显著影响，标准化路径系数为 0.174 （p>0.1），而社会信任对男孩偏好具有显著负向影响，标准化路径系数为-0.139 （p<0.05）。性别失衡的社会风险协同治理过程绩效对男孩偏好不具有显著影响，标准化路径系数为-0.028 （p>0.1）。一阶结果绩效风险感知对男孩偏好具有显著负向影响，标准化路径系数为-0.100 （p<0.05）。

（二）儿子效用

以儿子效用为二阶结果绩效，建立结构方程模型，模型拟合指标为 $\chi^2 = 2297.801$ （df=1280）、RMSEA 为 0.038 （90%置信区间为 ［0.036, 0.041］ ）、CFI 为 0.949、TLI 为 0.945、WRMR 为 1.288，说明模型拟

合效果较好。研究结果与上述男孩偏好的研究发现基本一致。

首先，对于过程绩效来说，政策执行能力和资源整合能力对过程绩效均具有显著正向影响，标准化路径系数分别为 0.119（p<0.05）和 0.192（p<0.01）。信息共享对过程绩效具有显著正向影响，标准化路径系数为 0.507（p<0.001）。公民自治对过程绩效具有显著正向影响，标准化路径系数为 0.150（p<0.01），而组织卷入不具有显著影响，标准化路径系数为−0.003（p>0.1）。在信任中，无论是政府信任还是社会信任，对过程绩效均不具有显著影响，标准化路径系数分别为 0.051（p>0.1）和−0.012（p>0.1）。

其次，对于一阶结果绩效风险感知而言，治理能力，无论是政策执行能力还是资源整合能力，均对其无显著直接影响，标准化路径系数分别为−0.006（p>0.1）和 0.049（p>0.1）。信息共享虽然对风险感知具有负向影响，但不存在统计显著性，标准化路径系数为−0.194（p>0.1）。在公众参与中，公民自治和组织卷入对风险感知均不具有显著影响，标准化路径系数分别为−0.024（p>0.1）和−0.013（p>0.1）。在信任中，政府信任对风险感知不具有显著影响，标准化路径系数为−0.159（p>0.1），但社会信任对风险感知具有显著正向影响，标准化路径系数为 0.106（p<0.1）。性别失衡的社会风险协同治理过程绩效对风险感知不具有显著影响，标准化路径系数为−0.013（p>0.1）。

最后，对于二阶结果绩效儿子效用而言，政策执行能力对其存在显著负向影响，而资源整合能力则不具有显著影响，二者的标准化路径系数分别为−0.162（p<0.01）和−0.085（p>0.1）。信息共享对儿子效用不具有显著影响，标准化路径系数为−0.106（p>0.1）。公众参与，无论是公民自治还是组织卷入，对儿子效用均不具有显著影响，标准化路径系数分别为 0.066（p>0.1）和−0.018（p>0.1）。政府信任对儿子效用不具有显著影响，标准化路径系数为 0.042（p>0.1），而社会信任对儿子效用具有显著负向影响，标准化路径系数为−0.127（p<0.05）。性别失衡的社会风险协同治理过程绩效对儿子效用不具有显著影响，标准化路径系数为 0.038（p>0.1）。一阶结果绩效风险感知对儿子效用具有显著正向影响，标准化路径系数为 0.200（p<0.001）。

三　差异比较

本书通过对以上高风险水平和低风险水平下性别失衡的社会风险应对路径进行比较分析，发现在低风险水平下性别失衡的社会风险应对效果更好。具体路径差异如下。

（一）男孩偏好

首先，对于过程绩效，第一，在低风险水平下，治理能力以及公众参与均对性别失衡的社会风险协同治理过程绩效具有显著促进作用；而在高风险水平下，治理能力以及公众参与对过程绩效则均不具有显著影响。因此，相比较而言，政府与社会在低风险水平下的协同效果更好，性别失衡的社会风险水平越低，治理能力和公民自治的有效性越强；而社会风险水平越高，治理能力和公民自治的有效性越差，可能低效甚至无效。第二，在两种风险水平下，信息共享对过程绩效均有显著正向影响，但在高风险水平下的显著性更强、解释力度更大，表明在高风险社区信息共享对于协同治理更有效。第三，在高风险水平下，政府信任对过程绩效具有显著促进作用；而在低风险水平下，则不具有显著影响。在高风险社区，政府信任更容易发挥作用，政府需要重视社会公信力的建设，培育社会公众对政府的信任。

其次，对于结果绩效，第一，对于一阶绩效风险感知，在两种风险水平下，均只有社会信任对其有显著正向影响，其中，在高风险水平下的显著性更强、解释力度更大，说明性别失衡的社会风险水平越高，社会信任越有利于形成准确的风险认知。另外，在高风险水平下，性别失衡的社会风险协同治理过程绩效对风险感知具有显著削弱作用；而在低风险水平下，则不具有显著影响。这表明在高风险水平下，过程绩效能够发挥更大作用。第二，对于二阶绩效男孩偏好，治理能力的作用存在差异，在高风险水平下，政策执行能力对男孩偏好具有显著负向影响，资源整合能力不具有显著影响；而在低风险水平下，则是资源整合能力具有显著影响，政策执行能力无显著影响。这说明低风险社区能够发挥更强的风险资源整合能力，而高风险社区则更依赖于上级治理政策。在两种风险水平下，社会信任均对男孩偏好具有显著弱化作用，其中，在高风险水平下的显著性更强、解释力度更大。另外，在低风险水平下，性别失衡的社会风险感知对男孩偏好具有显著负向影响，而在高风险水平下，风险感知与男孩偏好则不存在显著相关关系，表明性别失衡的社会风险水平越低，越容易形成准确的风险认知，从而降低男孩偏好。

（二）儿子效用

首先，对于过程绩效，与男孩偏好的结果一致，第一，在低风险水平下，治理能力以及公众参与均对性别失衡的社会风险协同治理过程绩效具有显著促进作用；而在高风险水平下，治理能力以及公众参与对过程绩效则均不具有显著影响。因此，相比较而言，政府与社会在低风险水平下的协同效果更好，性别失衡的社会风险水平越低，治理能力和公民自治的有效性越强；而社会风险水平越高，治理能力和公民自治的有效性越差，可能低效甚至无效。第二，在两种风险水平下，信息共享对过程绩效均有显著正向影响，但在高风险水平下的显著性更强、解释力度更大，表明在高风险社区信息共享对于协同治理更有效。第三，在高风险水平下，政府信任对过程绩效具有显著促进作用；而在低风险水平下，则不具有显著影响。在高风险社区，政府信任更容易发挥作用，政府需要重视社会公信力的建设，培育社会公众对政府的信任。

其次，对于结果绩效，第一，对于一阶绩效风险感知，在两种风险水平下，均只有社会信任对其具有显著正向影响，其中，在高风险水平下的显著性更强、解释力度更大，说明性别失衡的社会风险水平越高，社会信任越有利于形成准确的风险认知。另外，在高风险水平下，性别失衡的社会风险协同治理过程绩效对风险感知具有显著削弱作用；而在低风险水平下，则不具有显著影响。这表明在高风险水平下，过程有效才能使公众形成准确的风险认知，降低风险感知水平。第二，对于二阶绩效儿子效用，在高风险水平下，治理能力对儿子效用不具有显著影响；而在低风险水平下，政策执行能力对儿子效用具有显著负向影响。结果表明性别失衡的社会风险水平越低，治理政策的有效性越高；反之，社会风险水平越高，治理政策的有效性越低。在高风险水平下，政府信任对儿子效用具有显著正向影响，社会信任具有显著负向影响；而在低风险水平下，仅社会信任与儿子效用呈显著负相关关系，政府信任无显著影响。这表明在高风险社区，政府信任对儿子效用发挥了适得其反的作用，社会公众越是信任政府，反而越强调儿子的效用。另外，在低风险水平下，性别失衡的社会风险感知对儿子效用具有显著正向影响；而在高风险水平下则不具有显著影响。在低风险水平下，对性别失衡的社会风险感知会强化对儿子效用的期望。

第五节　小结

本章根据性别失衡的社会风险协同治理机制分析框架，对其运行结果进行实证检验，揭示了政府与社会协同治理性别失衡的社会风险的效果及情境差异。本章的主要创新表现如下。首先，在关注结果绩效的同时提升了对过程绩效的重视，加深了对性别失衡的社会风险协同治理过程有效性的认识。其次，本章首次对治理的结果绩效进行了二阶段观察，将性别失衡的社会风险感知识别为一阶结果绩效纳入治理绩效评估。最后，本章不仅通过代理变量对二阶结果绩效性别偏好进行了深入剖析，还探究了风险感知与性别偏好之间的关系，具体研究发现和主要结论如下。

第一，对于过程绩效而言，政府与社会协同共治，能够显著提升公众对性别失衡的社会风险协同治理水平和服务质量的感知。政策执行能力、资源整合能力、信息共享和公民自治是显著影响性别失衡的社会风险协同治理过程绩效的核心要素，这一结果与已有研究一致。本书还发现信息共享和公民自治在治理能力与过程绩效之间发挥单一及链式中介作用，即较强的治理能力能够通过增强信息共享、促进公民自治，提高过程绩效。为此，政府只有不断完善性别失衡的社会风险治理政策，整合各类分散的风险应对资源，推动信息共享，引导公众切实参与性别失衡的社会风险协同治理，才能提高公众对性别失衡的社会风险协同治理过程与服务的评价，使协同治理的制度优势能够更好、更快地转化为治理效能。

一是政府的治理能力是决定协同治理成功与否的初始条件和关键变量（谢新水，2010）。如果政府政策执行能力不足，则不能让公众充分享受公共政策的好处，从而影响公众对治理的评价；如果政府缺乏资源整合能力，将导致治理呈现碎片化，进而影响治理和服务的有效性。二是信息共享是重要的治理工具。一方面，信息共享对过程绩效具有显著的直接影响。信息共享能够满足公众获取真实信息的现实需求，减少信息不对称，促进心理疏导，有助于提高公众对治理过程的评价。另一方面，信息共享在治理能力与过程绩效之间发挥显著的中介作用，信息共享与公民自治在治理能力与过程绩效之间还发挥显著的链式中介作用。治理能力能够通过促进信息共享，推动公众参与，从而增强公共服务供给与利益相关者之间的匹配性，产生积极的治理效果，即更高的公共服务感知绩效（He and Ma，2021）。三是公众参与和信任作为协同治理的阶段性成果，即"小赢"，对治理绩效同样至关重要。公众参与程度越深，信任等社会资本发展状况越好，公众对治理过程的绩效评价就会越高。政府让社会公众真正参与到性别失衡的社会风险协同治理中，是提高公众对过程绩效评价的关键环节。

第二，对于一阶结果绩效性别失衡的社会风险感知来说，协同治理能够有效控制和化解性别失衡的社会风险所产生的心理基础，即降低公众对性别失衡的社会风险的感知程度，从而可以降低风险转化为公共危机事件的概率。本书发现风险感知的产生与公众参与不足以及社会信任增强有着重大联系，并且公众参与完全中介了治理能力与风险感知之间的关系。

一是公众参与在降低性别失衡的社会风险感知中能够发挥重要作用。公民自治对风险感知具有显著负向影响，且在治理能力与风险感知之间发挥完全中介作用。政府的治理能力只有通过促进公民自治，才能降低个体对性别失衡的社会风险的感知程度。公民自治程度越高，对性别失衡的社会风险的认识越准确，风险感知程度越低。二是在性别失衡的社会风险协同治理中，性别失衡的社会风险在"熟人社会"中得到广泛传播，社会公众之间的人际信任将显著提高性别失衡的社会风险感知程度。这验证了 Binder 等（2011）提出的风险感知会被社会组织中当地居民之间的人际讨论所放大的观点。因为相互信任的人之间往往具有相似的价值观，通过人际交流与情感沟通，共享更多风险信息，从而产生情感启发效应，以此建构风险想象，激发高风险感知（王晓楠、叶茂鑫，2021）。

第三，对于二阶结果绩效性别偏好来说，性别失衡的社会风险应对效果具有一定的稳定性，政府与社会协同治理对男孩偏好以及更深层次的儿子效用的影响机制结果基本一致但也存在差异。性别失衡的社会风险根源在于人口性别结构失衡，而人口性别结构失衡的根本原因是传统的性别规范，男孩偏好与儿子效用是性别失衡的社会风险协同治理的结果绩效。本书发现治理能力、信息共享、信任及一阶结果绩效风险感知均对性别偏好具有显著直接影响，社会信任在治理能力与性别偏好之间发挥了显著的中介作用，信息共享和社会信任还在其中发挥了显著的链式中介作用。为此，政府需要加强与公众之间的信息共享，从而建构以"熟人社会"为基础的政府信任和社会信任，以从根本上转变性别偏好。

一是政策执行能力和资源整合能力均对社会公众的男孩偏好具有显著的削弱作用，而对于儿子效用的弱化，仅有政策执行能力具有显著影响，资源整合能力则不具有显著影响。相较而言，治理能力对男孩偏好的影响显著性更强、解释力度更大。二是信息共享仅对儿子效用具有显著负向影响，而对男孩偏好无显著影响。公众对可靠信息的获取程度越高，越倾向于从根本上转变其性别偏好。三是政府信任和社会信任对个体性别偏好的影响不一致，政府信任对男孩偏好无显著影响，但对儿子效用则具有显著促进作用，而社会信任对二者均具有显著削弱作用。这表明性别偏好已经成为一种社会取向，社会规范能够发挥更大影响，并且与政府约束的作用相反（李树茁、毕雅丽，2015）。江立华和熊凤水（2007）从政府与公众互动的角度，详细分析了在一个具体时空场域中的男孩偏好，发现当生男孩在村和社区得到较高的社会评价，且现行政策进一步突出和强化这一评价时，男孩偏好就成为一种"势场"的压力。本书的发现则说明，目前村和社区偏好男孩的"势场"已经发生转变，因而作为互惠规范的社会信任对性别偏好具有显著负向影响。四是信息共享和社会信任是构建治理能力对性别偏好影响机制的重要中介变量。社会信任存在明显的溢出效应，能够将人际关系延伸至公共领域，从而减少机会主义行为，在资源整合能力与性别偏好之间发挥显著的中介作用，即政府对风险应对资源的整合能力能够通过增强社会信任，降低男孩偏好及儿子效用。另外，政策执行能力和资源整合能力还通过信息共享和社会信任的链式中介作用影响个体的男孩偏好。

第四，对于二阶结果绩效性别失衡的社会风险感知与性别偏好之间的关系而言，目前很少有研究对其进行理论探讨和实证检验。性别失衡的后果与风险在中国已累积多年，需要引起高度关注和重视。在性别失衡社会，探究社会风险对传统性别偏好的重塑作用具有必要性和创新性。本书发现当个体感知到性别失衡的社会风险时，会降低对男孩的偏好，但以儿子效用衡量的根深蒂固的性别规范却被风险感知所强化。因此，性别失衡的社会风险感知对于性别偏好是一把"双刃剑"。

一是风险感知削弱了个体的显性男孩偏好，男孩偏好程度随着风险感知程度的增强而降低。这与 Dong 等（2021）的研究发现一致，更严重的性别失衡在婚配竞争中造成更大的压力，导致更低的儿子偏好。性别失衡的社会风险会发挥稳定器作用，通过相关影响路径，例如提高养育男孩的机会成本、增强男性婚配竞争力，作用于微观个体性别选择，以抵消男孩偏好，而性别替代机制反过来又会降低出生性别比。二是风险感知增强了儿子效用，对性别失衡的社会风险感知程度越高的个体，越倾向于更加重视儿子效用。该发现能够在已有研究中得到一些佐证，一种可能的解释是，在性别失衡的中国农村，婚姻与其说是自我实现，不如说是家庭实现。家庭对婚姻的投资极大地恶化了父母的生活条件，从而强化了对儿子在养老、日常照料、经济支持、传宗接代以及情感支持等方面的价值期望（Zhu and Yi，2022）。还有一种可能的解释与女性安全问题相关，对儿子效用的期望与在针对女性的犯罪风险不断增加的情况下生育女儿的担忧有关。性别失衡的社会风险感知对性别偏好的影响呈现复杂性，对男孩偏好与儿子效用的作用不一致可能是导致中国出生性别比居高不下的重要因素。虽然在性别失衡的社会背景下的个体，由于风险感知程度提高，对生育男孩的偏好降低，但并没有因为性别失衡的社会风险而转变对儿子效用的期望，甚至形成"高风险感知—高儿子效用"的恶性循环。有些大龄未婚男性虽然遭受了性别失衡的社会风险的负面影响，但仍希望自己成婚后能够有儿子提供养老和经济支持、生活照料以及情感支持，并且能够传宗接代，因而更加重视儿子效用。

第五，对不同风险水平下性别失衡的社会风险应对路径机制差异进行比较发现，在低风险水平下，性别失衡的社会风险应对路径更有效。整体而言，性别失衡的社会风险协同治理存在"马太效应"，性别失衡的社会风险水平越低，协同治理机制的运行效果越好。

一是在高风险水平下，治理能力对治理绩效的影响有限，仅政策执行能力对男孩偏好具有显著负向影响，在低风险水平下，政策执行能力和资源整合能力均能显著提升治理的过程绩效，资源整合能力对男孩偏好具有显著削弱作用，而政策执行能力则与更深层次的儿子效用呈显著负相关关系。二是信息共享与治理绩效之间的关系在两种风险水平下不存在显著差异。信息共享对过程绩效具有显著正向影响，但对结果绩效无显著影响。三是公众参与对治理绩效的影响在两种风险水平下也存在显著差异，在高风险水平下，公众参与和治理绩效无显著相关关系，在低风险水平下，较高的公民自治程度能够显著提升治理的过程绩效。另外，在两种风险水平下，信任与治理绩效之间的关系也存在显著差异。在低风险水平下，政府信任与过程绩效无显著相关关系，在高风险水平下，政府信任对过程绩效具有显著正向影响，且政府信任对过程绩效和结果绩效产生了方向相同的作用。一方面，政府信任能够显著提升公众对性别失衡的社会风险协同治理过程的评价；另一方面，政府信任对儿子效用也具有显著正向影响。在两种风险水平下，社会信任均与风险感知呈显著正相关关系，而与性别偏好呈显著负相关关系。可见，在高风险水平下，对于转变性别偏好，政府信任甚至发挥了相反作用。四是关于治理绩效，在两种风险水平下，不仅过程绩效与结果绩效的关系存在显著差异，二阶结果绩效之间也存在显著差异。在高风险水平下，过程绩效对性别失衡的社会风险感知具有显著负向影响，而在低风险水平下则无显著影响。可见，性别失衡的社会风险水平越高，越需要强调治理过程的有效性。在高风险水平下，一阶结果绩效风险感知与二阶结果绩效性别偏好无显著相关关系，但在低风险水平下，风险感知对男孩偏好具有显著负向影响，而对儿子效用却具有显著正向影响。

综上所述，本书的实证结果验证了性别失衡的社会风险应对路径机制的有效性及情境差异。政府在性别失衡的社会风险协同治理中仍处于主导地位，治理能力对于提升治理绩效至关重要。政府应转变治理理念，加强自身能力建设，一方面强化政策执行，另一方面整合各类资源。公众参与和信任是影响治理绩效的关键因素，并且在治理能力与治理绩效之间发挥多重中介作用。公众参与越广泛、越深入，性别失衡的社会风险协同治理机制就越有效。信任能够引导形成共同的价值和规范，促进性别失衡的社会风险协同治理合力的形成，提高治理绩效。性别失衡的社会风险协同治理既要关注结果绩效，也要重视过程绩效，公众对治理过程的评价直接影响治理的最终效果。本章对结果绩效的二阶段观察，发现了一阶结果绩效风险感知对二阶结果绩效性别偏好的"双刃剑"作用，这一结论能够为解释中国出生性别比持续偏高且下降缓慢提供新的视角和思路。性别失衡的社会风险协同治理机制在具体实践中需要关注情境适应性，根据不同的风险水平采取不同的治理策略。在高风险水平下，需要加强政府与社会之间以信息共享为媒介的风险沟通，从而更好地发挥治理能力与公众参与的作用，以重塑信任并提高绩效，强调对性别失衡的社会风险治理过程有效性的关注。在低风险水平下，存在性别失衡的社会风险感知与男孩偏好显著负相关而与儿子效用显著正相关的"悖论"，可能会导致出生性别比出现反复波动，为此，需要强调从根源上治理性别失衡。

※ 第三篇 ※

对策研究：性别失衡的社会风险政策促进

第七章 研究结论与政策促进

第一节 主要结论

本书以适应性协同风险管理框架和协同治理综合框架为基础，通过对二者进行理论耦合，构建出中国语境下具有普适性的社会风险协同治理概念模型。我们结合理论及情境分析，将该模型应用于性别失衡的社会风险治理之中，提出性别失衡的社会风险协同治理机制分析框架，并运用国家卫生健康委与西安交通大学人口与发展研究所 2018 年在湖北省开展的"性别失衡治理与家庭发展"专项调查数据对其进行实证检验。本书拟通过解决三个关键科学问题，逐层深入探究性别失衡的社会风险协同治理机制。第一，解决"治什么""在哪治"的问题，明确风险对象辨识靶向，对性别失衡的社会风险进行系统识别，界定性别失衡的社会风险协同治理的目标及情境。第二，解决"谁来治""如何治"的问题，明确性别失衡的社会风险协同治理参与主体及沟通机制，对政府与社会之间的协同互动"黑箱"进行深入探究，判断不同风险水平下治理主体的协同路径差异。第三，解决"治理效果"的问题，明确性别失衡的社会风险协同治理过程及结果绩效，对协同治理机制的效果进行全面分析，辨析不同风险水平下协同治理机制有效性的差异。主要研究结论与发现如下。

第一，对性别失衡的社会风险展开实证评估，构建出系统的评价指标体系，形成社区性别失衡的脆弱性指数。经过聚类分析，在 20 个代表性社区中，60%为低风险，40%是高风险。两类社区性别失衡的脆弱性存在显著差异，表明高风险社区与低风险社区具有良好的区分度。在脆弱性指数的三个维度中，高风险社区和低风险社区在暴露水平上不存在显著差异，但在敏感性及恢复力两个维度上具有显著差异，其中，在恢复力上的差异最为显著。将社区样本与个人样本相匹配，把性别失衡的社会风险折射到治理机制之中，对不同风险水平下性别失衡的社会风险协同治理机制要素差异进行比较分析，发现高风险社区与低风险社区在治理能力、公众参与、信任以及治理绩效方面均存在显著差异。

第二，在性别失衡的社会风险沟通过程中，信息共享能够实现政府施政过程与社会公众参与的良性互动，从而建构政府信任与社会信任。其一，信息共享在治理能力与公众参与之间发挥显著的中介作用。治理能力对信息共享具有显著的促进作用，信息共享能够有效地促进公众参与性别失衡的社会风险治理。其二，信息共享对政府信任和社会信任均具有显著的促进作用，在治理能力与信任之间发挥部分中介作用。其三，公众参与在治理能力与信任之间发挥重要中介作用。治理能力与公众参与存在显著正相关关系，公众参与对信任具有显著的积极影响。其四，信息共享和公众参与在治理能力与信任之间发挥显著的链式中介作用。政府通过促进信息共享，建立和启动公众理性，使公众更愿意参与治理，从而提高其信任水平。其五，不同风险水平下性别失衡的社会风险沟通存在路径差异，在低风险水平下，性别失衡的社会风险沟通机制更具有效性。

第三，对于过程绩效而言，政府与社会协同共治，能够显著提升公众对性别失衡的社会风险协同治理水平和服务质量的感知。政策执行能力、资源整合能力、信息共享和公民自治是显著影响性别失衡的社会风险协同治理过程绩效的核心要素。本书还发现信息共享和公民自治在治理能力与过程绩效之间发挥单一及链式中介作用，即较高的治理能力能够通过增强信息共享，促进公民自治，提高过程绩效。另外，不同风险水平下，性别失衡的社会风险协同治理机制运转的过程绩效存在显著路径差异。在低风险水平下，治理能力以及公众参与均对性别失衡的社会风险协同治理过程绩效具有显著促进作用；而在高风险水平下，治理能力以及公众参与对过程绩效则均不具有显著影响。在两种风险水平下，信息共享对过程绩效均有显著正向影响，但在高风险水平下显著性更强、解释力度更大。在高风险水平下，政府信任对过程绩效具有显著促进作用；而在低风险水平下，则不具有显著影响。

第四，对于一阶结果绩效性别失衡的社会风险感知来说，本书发现风险感知的产生与公众参与不足、社会信任增强有着重大联系。公民自治对风险感知具有显著负向影响，且在治理能力与风险感知之间发挥完全中介作用。公民自治程度越高，对性别失衡的社会风险的认识越准确，风险感知程度越低。政府的治理能力只有通过促进公民自治，才能降低个体对性别失衡的社会风险的感知程度。在性别失衡的社会风险协同治理中，性别失衡的社会风险在"熟人社会"中得到广泛传播，社会公众之间的人际信任将显著提高性别失衡的社会风险感知程度。另外，在两种风险水平下，均只有社会信任对性别失衡的社会风险感知具有显著正向影响，其中，在高风险水平下的显著性更强、解释力度更大。在高风险水平下，性别失衡的社会风险协同治理过程绩效对风险感知具有显著削弱作用；而在低风险水平下，则不具有显著影响。

第五，对于二阶结果绩效性别偏好来说，本书发现治理能力、信息共享、信任及一阶结果绩效风险感知均对其有显著直接影响，并且社会信任在治理能力与性别偏好之间发挥了显著的中介作用，信息共享和社会信任还在其中发挥了显著的链式中介作用。另外，不同风险水平下，性别失衡的社会风险协同治理机制运转的结果绩效存在显著路径差异。对于男孩偏好，在高风险水平下，政策执行能力对男孩偏好具有显著负向影响，资源整合能力不具有显著影响；而在低风险水平下，则是资源整合能力具有显著影响，政策执行能力无显著影响。在两种风险水平下，社会信任均对男孩偏好具有显著弱化作用。对于儿子效用，在高风险水平下，治理能力对儿子效用不具有显著影响；而在低风险水平下，政策执行能力对儿子效用具有显著负向影响。在高风险水平下，政府信任对儿子效用具有显著正向影响，社会信任具有显著负向影响；而在低风险水平下，仅社会信任与儿子效用呈显著负相关关系，政府信任无显著影响。

第六，对于二阶结果绩效性别失衡的社会风险感知与性别偏好之间的关系而言，本书发现当个体感知到性别失衡的社会风险时，会降低对男孩的偏好，但以儿子效用衡量的根深蒂固的性别规范却被风险感知所强化。因此，性别失衡的社会风险感知对于性别偏好是一把"双刃剑"。一方面，风险感知削弱了个体的显性男孩偏好，男孩偏好程度随着风险感知程度的增强而降低；另一方面，风险感知增强了儿子效用，对性别失衡的社会风险感知程度越高的个体，越倾向于更加重视儿子效用。另外，不同风险水平下，风险感知对男孩偏好的影响存在显著差异。在低风险水平下，性别失衡的社会风险感知对男孩偏好具有显著负向影响；而在高风险水平下，风险感知与男孩偏好则不存在显著相关关系。在低风险水平下，性别失衡的社会风险感知对儿子效用具有显著正向影响；而在高风险水平下则不具有显著影响。

第二节　主要创新点

本书的创新工作主要体现在如下四个方面。

第一，基于适应性协同风险管理框架与协同治理综合框架，构建了由主体协同、层级协同和过程协同组成的三维立体式社会风险协同治理概念模型，结合性别失衡的社会风险治理的现实情境，提出了性别失衡的社会风险协同治理机制分析框架。现有关于性别失衡的社会风险及其治理的研究较为零散，缺乏系统的理论探讨，并且尚未形成中国化的且经过验证的行之有效的分析框架。本书通过对适应性协同风险管理框架与协同治理综合框架的理论耦合与深度互嵌，形成了中国社会转型期社会风险协同治理的概念模型。在性别失衡的社会风险治理的现实情境下，进一步论证概念模型的适用性，完成了从一般风险向性别失衡的社会风险的改进与应用，最终构建出性别失衡的社会风险协同治理机制的多层次一体化整合分析框架。该框架将协同治理机制视为随着性别失衡的社会风险治理过程推移而形成的线性阶段，包括性别失衡的社会风险评估、性别失衡的社会风险沟通与性别失衡的社会风险应对三个环节，既揭开了协同过程的神秘面纱，又揭示了治理机制的构成要件和运行机理。该框架弥补了现有研究视角相对单一且割裂的不足，不仅有助于社会风险研究与协同治理理论的交叉融合，还为全面系统地理解性别失衡的社会风险及治理提供了新的研究视角和理论依据。

第二，构建了性别失衡的社会风险评价指标体系，发现了社区尺度性别失衡的社会风险整体处于偏低水平，不同风险水平下性别失衡的社会风险协同治理机制的核心要素存在显著差异。以往大多数研究仅关注性别失衡的社会风险的单一要素识别，缺乏系统性评估和整体性把握。本书首次将脆弱性视角引入性别失衡的社会风险研究，论证了该视角在理解性别失衡的社会风险方面的创新性和前瞻性。实证分析发现60%的社区处于低风险水平，高风险社区和低风险社区在暴露水平上不存在显著差异，而在敏感性和恢复力两个维度上的差异则具有统计显著性，表明社区的内在结构特征是社区性别失衡的脆弱性产生的主要原因。将中观社区样本与微观个人样本相匹配，把性别失衡的社会风险折射到治理过程之中，发现两类风险社区在治理能力、公众参与、信任以及治理绩效方面均存在显著差异。本书从脆弱性视角揭示了性别失衡的社会风险的本质，深化了对其现状及成因的认识。在此基础上，廓清了性别失衡的社会风险协同治理机制运行的现实场域，为丰富情境化的风险治理机制研究提供了基础判断和实证参考。

第三，提出并验证了"治理能力→信息共享→公众参与→信任"的性别失衡的社会风险沟通机制，发现了该机制在不同风险水平下存在显著路径差异。目前鲜有研究对治理结构的内部互动机理进行深入系统分析，本书构建起了协同治理主体间的信息共享机制。其一，信息共享架构起政府与公众之间的对话平台，将对性别失衡的社会风险沟通的静态描述转变为动态过程，信息共享在治理能力与公众参与之间发挥显著的中介作用。其二，信息共享是政府构筑合法性的需要和基础，能够将政府的治理能力落到实处，切实提升政府公信力及社会互信度，信息共享在治理能力与信任之间发挥部分中介作用。其三，公众参与打开了单向的风险沟通机制，通过利益表达打破了政府"黑箱"，治理能力通过促进公众参与可以有效提升政府公信力及社会互信度，公众参与在治理能力与信任之间发挥重要中介作用。其四，在性别失衡的社会风险治理中，信息共享和公众参与在治理能力与信任之间发挥显著的链式中介作用。政府通过建立制度化的信息共享平台和程序化的公众参与路径，能够增强信任，形成双向互动的风险沟通模式。其五，不同风险水平下性别失衡的社会风险沟通存在路径差异，在低风险水平下，性别失衡的社会风险沟通机制更具有效性。本书解构了性别失衡的社会风险协同治理结构的内部互动机理，为推动多元主体协同提供了理论支持和有益启示。

第四，提出并验证了"治理能力→信息共享→公众参与→信任→治理绩效"的性别失衡的社会风险应对机制，发现了在低风险水平下该机制运行更具有效性。已有研究多以客观结果为导向，考察公共治理要素对治理绩效的影响机制，缺乏以公众为主体的主观绩效评估，对治理过程有效性的关注不足，并且尚未形成针对性别失衡的社会风险的直接测量。本书在关注结果绩效的同时提升了对过程绩效的重视，加深了对性别失衡的社会风险协同治理过程有效性的认识，并且首次对治理的结果绩效进行了二阶段观察，将性别失衡的社会风险感知作为一阶结果绩效纳入治理绩效评估，不仅通过代理变量对二阶结果绩效性别偏好进行了深入剖析，还探究了二阶结果绩效性别失衡的社会风险感知与性别偏好之间的关系。实证研究发现，协同治理绩效是政府与来自社会公众的输入共同作用的产物，只有政府与公众协同共治，建立良好的信任关系，才能够实现协同增效。另外，性别失衡的社会风险协同治理存在"马太效应"，性别失衡的社会风险水平越低，协同治理机制的整体运行效果越好。本书厘清了性别失衡的社会风险协同治理机制的运行结果及情境差异，对指导形成差异化的风险纾解路径和模式具有一定的借鉴意义和参考价值。

第三节　理论贡献

本书对性别失衡的社会风险及其治理进行了深入探讨，揭示了性别失衡的社会风险形成的根本原因、风险水平、协同治理机制有效性及情境差异，具有重要的理论价值。

一 对性别失衡的社会风险研究文献的贡献

本书对性别失衡的社会风险研究文献的贡献主要体现在如下几个方面。

第一，现有研究中性别失衡的社会风险的概念界定不清，使得性别失衡的后果与风险相混淆，一些研究甚至将性别失衡的单一后果等同于性别失衡的社会风险。另外，尚未形成整体风险观，研究多停留于性别失衡的人口后果分析层面，制约了对性别失衡的社会风险的全面系统认识。本书系统解析了性别失衡的社会风险的核心内涵，将社会脆弱性的概念引入性别失衡的社会风险研究中，发现脆弱性视角在理解性别失衡的社会风险方面具有创新性和前瞻性。社会脆弱性是系统自身的一种属性，该理论颠覆了社会风险形成的外因论，能够真正确认风险形成的根本原因。本书通过对社会脆弱性的界定与分析，从暴露水平、敏感性和恢复力三个维度对性别失衡的社会风险进行了深入剖析，首次提出并解构了社区性别失衡的脆弱性的概念。

第二，已有研究中性别失衡的社会风险在客观层面被测度为性别结构失衡所引发的次生风险，在主观层面被测度为个体对次生风险的主观辨识与感知。已有研究对于性别失衡的社会风险的测度还比较笼统和模糊，尚未形成对风险本身内在属性和结构的关注，缺少对导致系统风险水平差异原因的探析。本书借鉴内生性的风险评估视角和方法，采用脆弱性分析深入探究了性别失衡的社会风险的基本构成与形成原因，发现社区的内在结构特征是社区性别失衡的脆弱性产生的重要原因，即性别失衡作为一种外部扰动对社区施加的影响并不均衡，风险水平高低取决于社区自身的敏感性特征和风险应对能力。

第三，现有研究多关注性别失衡的社会风险的单一要素，缺乏系统性评估，无法形成对性别失衡的社会风险的整体性把握以及不同风险水平下具有差异性的治理机制。其一，目前定量分析主要集中在微观弱势群体及其家庭发展研究或宏观人口后果模拟推断等方面，缺少在将二者连接起来的中观社区尺度上的测量。其二，当前研究尚未形成对性别失衡的社会风险情境差异的比较分析，现实情境对协同治理机制具有塑造作用，不同情境下协同治理机制的运行过程及效果均存在差异。本书对性别失衡的社会风险进行系统性评估，并将中观社区样本与微观个人样本相匹配，把性别失衡的社会风险折射到治理过程之中，有助于明确性别失衡的社会风险协同治理机制运行的现实情境，为比较路径差异提供基础判断和实证参考，从而丰富情境化的风险治理机制研究。

二　对性别失衡的社会风险治理研究文献的贡献

本书对性别失衡的社会风险治理研究文献的贡献主要体现在以下几个方面。

第一，现有关于性别失衡的社会风险治理的研究较为零散，缺乏系统的理论探讨。一方面，从社会风险情境出发的一体化视角在治理的研究与实践中还处于双重缺失状态；另一方面，尚未形成中国化的且经过验证的行之有效的分析框架。本书通过有机整合适应性协同风险管理框架与协同治理综合框架，在理论耦合与深度互嵌基础上，创造性地构建了社会风险协同治理概念模型。以我国性别失衡的社会风险治理为研究场域，通过理论模型与现实情境的迭代验证，系统论证了该模型在特殊社会风险治理中的适配性，实现了从普适性风险管理范式向性别失衡的社会风险治理范式的转化升级，最终构建起兼具理论解释力与实践操作性的多层次整合式分析框架。该框架突破传统单一研究视角的桎梏，通过跨理论框架的系统性融合与创新性重构，不仅拓展了社会风险治理理论体系的深度与广度，还为破解性别失衡的社会风险治理困境提供了学理支撑与路径选择。

第二，已有关于性别失衡的社会风险治理的研究多将政府视为治理的唯一主体，探讨治理结构、治理工具以及制度环境等治理要素对治理绩效的影响机制。在高风险社会中，面对矛盾纠纷激化和利益诉求多样化，政府治理存在明显的失效风险和脆弱性。快速的社会发展与转型增强了社会公众的主体意识，加上性别失衡的社会风险所呈现的高度复杂性、后果严重性和广泛影响性，推动社会公众积极参与性别失衡的社会风险治理。现有研究虽已关注多元主体互动在治理中的作用，但如何互动以及互动的效果如何仍然鲜有研究。本书对政府与社会之间的沟通机制进行了实证检验，构建了协同治理主体间的信息共享机制，解构了性别失衡的社会风险协同治理结构的内部互动机理，为推动多元主体协同提供了理论支持和有益启示。

第三，对应治理主体的单一性，政府在性别失衡的社会风险治理方面存在绩效评估及管理方面的盲点。已有研究多将治理工作人员的职务绩效以及工作满意度作为过程绩效，将出生性别比以及治理客体的男孩偏好作为结果绩效，缺少以公众为主体和中心的主观绩效评估，对治理过程有效性的关注不足，并且尚未形成针对性别失衡的社会风险的直接测量。本书一方面对性别失衡的社会风险协同治理绩效进行了系统评估，在关注结果绩效的同时增强了对过程绩效的重视，并对结果绩效进行了二阶段观察，为性别失衡的社会风险治理绩效评估提供了理论支持；另一方面对协同治理机制运行效果的情境差异进行了比较分析，对指导形成差异化的风险纾解路径和模式具有一定的借鉴意义和参考价值。

第四节　政策促进

为有效促进性别失衡的社会风险治理实践与创新，本书在梳理目前性别失衡的社会风险治理及政策现状的基础上，结合研究结论，构建出性别失衡的社会风险协同治理框架，并提出具体实施策略。

一　性别失衡的社会风险治理及政策现状

性别失衡是与国家人口相关的社会可持续发展面临的最紧迫的战略和民生问题，从已经颁布的性别失衡的社会风险治理相关政策来看，早期的政策以人口与计划生育条例为主，核心是对"非医学需要的胎儿性别鉴定和人工终止妊娠"做出禁止规定。近年来，政府的治理工作转向了促进人口长期均衡发展的综合治理、推进妇女平衡充分发展以及家庭和谐发展，并注重与巩固拓展脱贫攻坚成果同乡村振兴有效衔接的有机结合。各级政府以相关规划文件为指导，出台了一系列配套措施，为治理提供了制度保障。

在人口长期均衡发展方面，2013年，党的十八届三中全会做出启动实施单独两孩政策的重大决策，单独两孩政策经过扎实稳妥地有序推进，为进一步调整生育政策积累了经验。随着时机的成熟，2015年，党的十八届五中全会提出实施全面两孩政策，主要目标是到2020年，计划生育服务管理制度和家庭发展支持体系较为完善。2016年，《中华人民共和国国民经济和社会发展第十三个五年规划纲要》进一步指出做好相关经济社会政策与全面两孩政策的有效衔接。2021年出台的《中共中央 国务院关于优化生育政策促进人口长期均衡发展的决定》，开始启动实施三孩生育政策，主要目标是，到2025年，积极生育支持政策体系基本建立，到2035年，促进人口长期均衡发展的政策法规体系更加完善。2022年发布的《关于进一步完善和落实积极生育支持措施的指导意见》将婚嫁、生育、养育、教育一体考虑。经过近10年的发展，生育政策得到逐步完善和优化，以"一老一小"为重点，建立了覆盖全生命周期的人口服务体系。一方面，积极应对人口老龄化，健全养老服务体系。发展普惠型养老服务，构建以居家养老为基础，以社区嵌入式养老为依托，以机构医养康养为补充的多层次养老服务体系；完善养老保险体系，健全针对经济困难的高龄和失能老年人的兜底保障制度；基于人均预期寿命的提高以及人口老龄化趋势加快等综合考虑，渐进式延迟法定退休年龄，促进人力资源的充分利用。另一方面，深入实施三孩生育政策，加快建立并完善积极生育支持政策体系。提高优生优育服务水平，全面落实全程服务，综合防治出生缺陷；完善普惠托育服务体系，增加多种形式的普惠托育服务供给，规范托育服务并提高托育质量；建立生育休假及待遇保障制度，严格落实产假、哺乳假、育儿假等制度，规范实施生育保险和生育津贴等制度；强化税收和住房等支持措施，推动个人所得税专项附加扣除政策，完善购房和租房优惠政策；加强教育公平和优质教育资源供给，提高学前教育普惠水平，推进义务教育均衡发展。

在妇女平衡充分发展和家庭和谐发展方面，1995 年，在联合国第四次世界妇女大会上，首次提出将男女平等作为我国的一项基本国策，经过 30 年的发展，我国建立了包括 100 多部法律法规在内的保障妇女权益的法律体系。《中华人民共和国妇女权益保障法》自 1992 年开始施行，是贯彻落实基本国策的主要依据。2001 年，国务院颁布了《中国妇女发展纲要（2001—2010 年）》，20 多年来，又陆续颁布并实施了两轮妇女发展纲要，将妇女发展纳入国家发展总体规划，为保障妇女的健康、教育、经济、参与决策和管理、社会保障和家庭发展等权益制定了具体策略和措施。2012 年，党的十八大将"坚持男女平等基本国策，保障妇女儿童合法权益"写入党代会报告，作为治国理政的核心内容。同年，通过并施行了《女职工劳动保护特别规定》，用以保护女性在工作中的合法权益。当前，我国正处于第二个百年奋斗目标开局起步的关键时期，为促进性别平等和妇女平衡充分发展提供了历史机遇，对妇女在社会和家庭生活中的作用提出了更高要求。家庭作为基本生活单元，具有抚幼养老等功能，需要积极完善家庭支持政策体系，为老年人和妇女、儿童权益提供法律和制度保障。家庭政策是社会政策的重要分支，经历了漫长的发展与演变。党的十八大以来，家庭政策不断丰富与完善，但通常蕴含于国家规划及相关人口政策之中。现有人口政策逐渐从单一的生育视角或养老视角转向全面的家庭视角，政策对象从特殊家庭扩大至一般家庭，立足家庭生命周期，形成全方位的政策体系。

二　性别失衡的社会风险协同治理框架设计

按照性别失衡的社会风险协同治理机制运行过程，本书分别构建出性别失衡的社会风险评估整合框架、性别失衡的社会风险沟通整合框架以及性别失衡的社会风险应对整合框架。

（一）性别失衡的社会风险评估整合框架

本书对 MOVE 框架进行系统修正，构建出性别失衡的社会风险评估整合框架，具体如图 7-1 所示。性别失衡的社会风险是由转型期风险社会与脆弱性条件交互耦合形成的，核心是脆弱性及其构成维度。通过将脆弱性视角引入性别失衡的社会风险研究中，能够深入探究性别失衡的社会风险的内在机理，并准确识别性别失衡的社会风险水平。

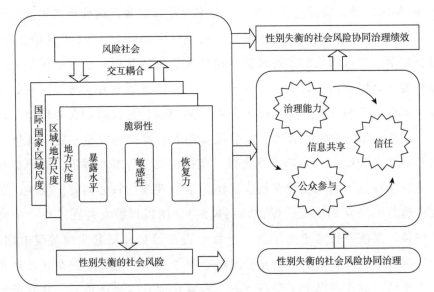

图 7-1　性别失衡的社会风险评估整合框架

一方面，从暴露水平、敏感性和恢复力三个维度对性别失衡的社会风险进行深入剖析，确认性别失衡的社会风险形成的根本原因，从而明确治理的目标和方向，防止社会风险转化为公共危机。性别失衡的脆弱性能够精准识别性别失衡的社会风险，使人们在风险致灾之前意识到其严重性和危害性。本书发现社区性别失衡的社会风险水平主要取决于社区自身的敏感性特征和恢复力高低，因此，提高风险应对能力是防止风险致灾的重要途径。

另一方面，识别出性别失衡的社会风险水平，能够确定治理的系统情境及现实驱动，推动并指导性别失衡的社会风险协同治理。性别失衡的社会风险水平会影响协同治理结构的内在互动机理，从而影响治理绩效。因此，性别失衡的社会风险协同治理需要基于性别失衡的社会风险水平，构建差异化的风险纾解路径。

（二）性别失衡的社会风险沟通整合框架

本书从结构主义范式和互动论视角出发，构建出性别失衡的社会风险沟通整合框架，具体如图 7-2 所示。在层次维度，性别失衡的社会风险沟通是政府主导的，国家机构需要向基层社区授权，从而推动多元主体参与，自上而下的"通知"与自下而上的"咨询"构成沟通的动态路径，由此形成多元主体参与的风险沟通的"参与之轮"。在主体维度，性别失衡的社会风险沟通是政府依法履责、社会广泛参与和公众自觉自律构成的多元共治。风险沟通中各参与主体之间的关系已不是单向度的，而是相互交换信息的双向互动。在信息维度，性别失衡的社会风险沟通的本质是信息流动，开展风险沟通需要确定哪些信息、通过什么渠道进行流动。在性别失衡的社会风险沟通中，政府需要及时、准确地公布相关信息，保证信息公开、透明，并畅通信息网络，使社会公众能够进行咨询与问责。

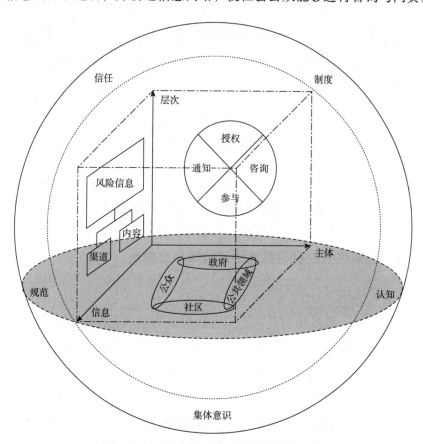

图 7-2　性别失衡的社会风险沟通整合框架

（三） 性别失衡的社会风险应对整合框架

本书在性别失衡的社会风险所形成的治理现实情境和承载场域中，构建出性别失衡的社会风险应对整合框架，具体如图7-3所示。性别失衡的社会风险水平构成了治理的现实场域，高风险水平和低风险水平的情境差异通过形塑协同治理机制的具体形态，改变其运行速率与发展轨迹，进而影响最终治理成效。因此，需要深入探究不同风险水平下性别失衡的社会风险协同治理机制的整体路径差异，从而形成契合风险情境的治理模式。

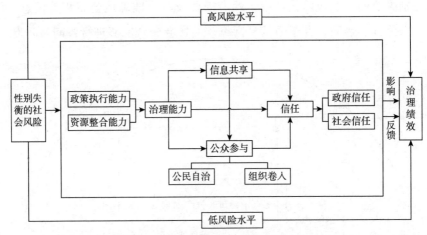

图7-3 性别失衡的社会风险应对整合框架

三 性别失衡的社会风险协同治理实施策略

目前，中国正处于一个快速的社会转型期，经济、社会、人口等的转型使中国步入风险社会乃至高风险社会。人口风险是社会转型中的基础风险，作为中国最基本的人口特征之一，性别失衡不仅增加了转型期的社会风险，而且对社会风险具有扩散甚至加剧效应。与此同时，社会转型又会将人口风险放大到经济发展、公共安全与公共健康等社会领域。性别失衡与转型期的社会风险相互交织叠加，增加了整个社会的脆弱性及系统性风险。因此，性别失衡的社会风险是我国面临的基础性、全局性、长期性和战略性的重大挑战，亟须深入探究性别失衡的社会风险治理，创新治理理念与治理机制。

性别失衡的社会风险具有高度不确定性、复杂性、联动性及自反性，传统的治理理念和路径呈现疲态，决定了以政府为单一主体的治理模式已经难以为继，需要由一元化的自上而下的政府管制转向一核多元的上下联动的协同治理。性别失衡的社会风险协同治理就是政府与社会共同参与，对性别失衡的社会风险进行有效预防、消解并阻断其放大的过程。性别失衡的社会风险协同治理需要形成顶层设计与基层治理实践的良性互动，顶层设计为基层治理实践提供了制度支持及理论指导，基层治理实践是顶层设计落地实施的关键。本书构建出了"国家-社区-公众"多元主体、多层次、系统性和动态调整的性别失衡的社会风险协同治理模式。国家是性别失衡的社会风险协同治理的顶层设计者，通过制定发展规划指导基层治理实践。村和社区是性别失衡的社会风险协同治理的现实场域，通过基层治理实践落实宏观政策规划。社会公众是性别失衡的社会风险最直接的承担者，既是治理主体，也是治理客体。具体实施策略如下。

（一）宏观国家发展规划

性别失衡的社会风险是我国社会转型期的基础风险，呈现利益主体多元、形态复杂多变以及风险分配不公等特点。在国家治理层面，性别失衡的社会风险治理需要从"善政"走向"善治"，在对性别失衡的社会风险进行科学研判和准确识别的基础上，构建并完善国家发展规划和宏观政策体系。

一方面，树立宏观风险意识，健全风险防控机制。目前，性别失衡的社会风险治理仍是"国家依赖"的，要科学地治理性别失衡的社会风险，在国家层面，首先，需要增强前瞻意识，加强超前谋划和战略预判，形成正确理性的风险认知，从而明确风险治理的目标及边界。其次，需要把握性别失衡等人口风险之间，以及人口风险与经济发展、社会安全和公共健康等外部要素之间的相关关系，积极应对人口和社会可持续发展面临的严峻挑战。另一方面，加强顶层设计，构建协同治理体系。由于中国人口规模巨大，加上社会利益高度分化，性别失衡的社会风险治理无法完全效仿其他国家，也不能向其他国家进行转移，只能依靠自己的力量开展治理创新。通过建立健全人口服务体系，发展完善公共政策配套，将性别失衡的社会风险问题提高到国家战略高度。

（二）中观社区政策执行

中观社区是"风险聚变反应堆"，是性别失衡的宏观社会风险与微观个体风险之间的桥梁，中观社区风险既是宏观风险在中观层次上的缩影，也是微观风险放大到中观层次的反映。在基层治理层面，性别失衡的社会风险治理需要加强政府治理与社会调节和公民自治的良性互动，构建社会风险共同体，推动政策落实及创新。

第一，开展风险评估，识别风险水平及弱势群体。一方面，根据性别失衡的社会风险水平，形成差异化的风险纾解路径及策略。在高风险社区，应加强社会调控，通过优化婚姻市场的资源配置，积极应对婚姻挤压；在低风险社区，应加强理念引导，防患于未然，通过修改村规民约，构建新型婚育文化，扭转"天价彩礼"等不良婚俗。另一方面，重视对公民权利和利益多元性的关注和保障，在巩固拓展脱贫攻坚成果同乡村振兴有效衔接中，为贫困、"失独"、大龄未婚男性等弱势群体和家庭提供支持和保障。

第二，建设风险共同体，推动政府与社会协同共治。一方面，增强社区风险应对能力是预防风险致灾的前提，因为社区尺度性别失衡的社会风险主要取决于社区自身的结构特征。另一方面，畅通信息网络和沟通渠道，促进公众积极参与性别失衡的社会风险治理，增强政府公信力和社会互信度，实现政府与公众之间的进阶式互动。最终，在基层治理实践中，建立群联群防的工作机制，构建"共享-信任-合作"的性别失衡的社会风险协同治理模式。

（三）微观个体积极参与

改革开放以来，人口再生产的成本逐渐由国家承担转向由家庭和个人消化。因此，性别失衡的社会风险治理不能忽视家庭的基础作用和重要价值，需要构建以人为本的治理理念。在微观个体层面，通过"家国同构"，实现"国家理性-社会自主-家庭自治"的三重博弈均衡。

一方面，引导公众形成正确的风险认知，树立风险共生意识。构建深入社会各层面的网络传感机制，使公众能够积极参与性别失衡的社会风险治理，特别是对于在风险冲击下抵御能力较弱的典型人群，如大龄未婚男性，建立精准到人的沟通模式，了解其现实处境及真实需求，增强公众的风险共同体意识，从而形成对性别失衡的社会风险的严重性和参与治理重要性的认识。另一方面，推动个体和家庭发挥主动性和创造力，积极应对和规避性别失衡的社会风险。在中国经济快速发展、社会剧烈变革且人口急剧转变的背景下，家庭模式虽然发生巨大转变，但家庭作为人口生产和再生产的基本单元，成员之间的互助模式依然是人们应对外部风险的重要基础，特别是在应对性别失衡的社会风险中尤为显著。因此，提高家庭发展能力，能够有效增强其抗风险能力。

综上所述，本书所提出的性别失衡的社会风险协同治理实施策略，从国家发展规划，到社区政策执行，再到个体积极参与，显示出与目前性别失衡的社会风险治理及政策体系的差异，体现了协同治理的理论优势及对公共政策和公共服务体系的改进。表 7-1 是本书对性别失衡的社会风险协同治理实施策略与现行公共政策体系的差异比较，由此可以看出本书实施策略的科学性和创新性。

表 7-1　性别失衡的社会风险协同治理实施策略与现行公共政策体系的差异比较

政策供给现状	协同实施策略	差异比较
国家宏观发展规划与政策体系缺乏对性别失衡的社会风险的关注	树立宏观风险意识，健全风险防控机制；加强顶层设计，构建协同治理体系	国家顶层设计的发展
基层社区缺乏对风险现状的准确判断和对服务改进的及时分析	开展风险评估，识别风险水平及弱势群体；建设风险共同体，推动政府与社会协同共治	社区政策执行体系的完善
缺乏对微观层面公众普遍参与和特殊人群权益保护的关注	引导公众形成正确的风险认知，树立风险共生意识；推动个体和家庭发挥主动性和创造力，积极应对和规避性别失衡的社会风险	微观个体及家庭的参与

第五节　研究展望

本书利用调查数据对性别失衡的社会风险协同治理机制进行了深入系统的分析，取得一些具有创新性的研究发现，具有较强的理论创新及实践价值，但仍存在一些研究局限。基于研究局限提出的未来研究展望主要包括如下几个方面。

第一，本书是对性别失衡的社会风险协同治理机制的初步探索，通过理论推导和情境分析，提出机制的构成要件、关键环节和运行逻辑，并对其进行实证检验，但可能存在核心要素遗漏以及情境适用偏差的问题。因此，在今后的研究中，一方面，需要深入挖掘其他潜在变量，对治理机制进行更为丰富且细致的分析，并将模型与其他替代模型进行比较以寻求更全面的解释；另一方面，可以尝试在其他情境中对风险的协同治理进行探讨，从而加深对情境化的风险治理机制的研究。

第二，本书运用微观调查数据对性别失衡的社会风险协同治理机制构成要素进行测量，存在一定的局限，特别是对于治理能力的操作化，政策执行能力和资源整合能力均是主观评价，而非客观评估。在现有文献中，政府治理能力通常被视为宏观层面的变量，因而常见的测量是基于客观数据和信息进行的。未来研究需要丰富测量指标，采取主观评价和客观评估相结合的方法，以获得更全面、更准确的测量结果，从而弥补本书的缺陷。

第三，本书采用结构方程模型对性别失衡的社会风险协同治理机制进行实证检验，避免了共同方法偏差问题，但无法消除反向因果关系。例如，在已有公共管理研究中，信任、公众参与和绩效之间的关系尚未达成共识。一些研究与本书结论一致，发现信任和公众参与能显著提升绩效；而另一些研究与本书结论相反，认为绩效是信任和公众参与的重要影响因素。因此，在未来研究中，需要加深对复杂因果关系的理解，采用更为严谨的方法探究变量之间的因果关系，从而使研究更具科学性。

第四，本书采用横截面数据对性别失衡的社会风险协同治理机制进行检验，研究主要是对假设关系的静态分析，无法确认和辨析真正的因果关系。因此，后续研究需要开展追踪调查，运用纵贯数据，纳入时间属性，以实现对性别失衡的社会风险协同治理机制中的因果关系的动态分析。另外，对于和已有研究不一致的相关结论，还需要通过开展纵向研究，进一步探究其深层原因。

第五，本书作为一项探索性研究，在测量指标的选取上还不够细致，对于一些变量的测量尚未形成成熟的量表，导致研究可能缺乏一定的信度和效度，例如，对于公众参与，仅通过公众在村和社区基层治理中的参与程度进行测量，而非对性别失衡的社会风险治理的直接参与进行测量。因此，未来研究有待于借鉴更精确的量表对各潜变量进行测量，从而获得更可靠、更稳健的研究结果。

参考文献

［1］ 安东尼·吉登斯，2000，现代性的后果［M］. 田禾，译. 南京：译林出版社.

［2］ 贝克、邓正来、沈国麟，2010，风险社会与中国——与德国社会学家乌尔里希·贝克的对话［J］. 社会学研究，25（05）：208-231.

［3］ 蔡岚，2015，协同治理：复杂公共问题的解决之道［J］. 暨南学报（哲学社会科学版），37（02）：110-118.

［4］ 陈力勇、刘旭东、裴霞，2010，农村综合治理出生性别比工作思考［J］. 人口研究，34（06）：98-103.

［5］ 陈剩勇、于兰兰，2012，网络化治理：一种新的公共治理模式［J］. 政治学研究，（02）：108-119.

［6］ 成伯清，2007，"风险社会"视角下的社会问题［J］. 南京大学学报（哲学·人文科学·社会科学版），（02）：129-135.

［7］ 邓蓉敬，2008，信息社会政府治理工具的选择与行政公开的深化［J］. 中国行政管理，（S1）：56-58.

［8］ 邓少君，2016，风险社会视域下基层矛盾治理研究［D］. 武汉大学.

［9］ 樊博、聂爽，2017，应急管理中的"脆弱性"与"抗逆力"：从隐喻到功能实现［J］. 公共管理学报，14（04）：129-140.

［10］ 范如国，2014，复杂网络结构范型下的社会治理协同创新［J］. 中国社会科学，（04）：98-120.

［11］ 方堃，2009，城乡统筹的县域农村公共服务模式与路径探究——

从"国家单方供给"到"社会协同治理"的逻辑变迁 [J]. 天津行政学院学报, 11 (03): 38-44.

[12] 甘开鹏、王秋, 2020, 社会信任对政府环境治理绩效的影响研究 [J]. 中国行政管理, (03): 153-154.

[13] 高勇, 2014, 参与行为与政府信任的关系模式研究 [J]. 社会学研究, 29 (05): 98-119.

[14] 葛笑如, 2015, 从四重失灵到协同治理: 农民工职业风险治理新理路 [J]. 求实, (11): 89-96.

[15] 龚文娟, 2016, 环境风险沟通中的公众参与和系统信任 [J]. 社会学研究, 31 (03): 47-74.

[16] 顾晓敏, 2018, 出生性别比失衡、经济激励与生育决策 [D]. 华中科技大学.

[17] 郭道久, 2016, 协作治理是适合中国现实需求的治理模式 [J]. 政治学研究, (01): 61-70.

[18] 郭秋菊、靳小怡, 2016, 婚姻挤压对农村流动男性养老意愿的影响——基于压力应对理论的分析 [J]. 人口学刊, 38 (02): 29-39.

[19] 果臻、梁海俐、李树茁, 2018, 性别失衡背景下中国大龄未婚男性死亡研究 [J]. 中国人口科学, (06): 69-79.

[20] 何继新、荆小莹, 2018, 韧性治理: 从公共物品脆弱性风险纾解到治理模式的创新 [J]. 经济与管理评论, 34 (01): 68-81.

[21] 何水, 2008, 协同治理及其在中国的实现——基于社会资本理论的分析 [J]. 西南大学学报 (社会科学版), (03): 102-106.

[22] 何文盛、李雅青, 2020, 突发公共卫生事件中信息公开共享的协同机制分析与优化 [J]. 兰州大学学报 (社会科学版), 48 (02): 12-24.

[23] 何玉、唐清亮, 2012, 公共服务、政府透明度与公众对政府的信任: 影响机理与经验证据 [J]. 华东经济管理, 26 (04): 120-126.

[24] 侯保龙, 2010, 风险社会语境下公民参与式治理探究 [J]. 陕西行政学院学报, 24 (04): 39-42.

[25] 胡象明、王锋，2014，一个新的社会稳定风险评估分析框架：风险感知的视角 [J]. 中国行政管理，(04)：102-108.

[26] 胡象明、张丽颖，2019，公共信任风险视角下的塔西佗效应及其后果 [J]. 学术界，(12)：100-107.

[27] 胡湛、彭希哲，2021，治理转型背景下的中国人口治理格局 [J]. 人口研究，45（04）：3-17.

[28] 黄匡时，2009，脆弱性分析与脆弱人口的社会保护：2009 中国可持续发展论坛暨中国可持续发展研究会学术年会论文集 [C]. 中国北京：227-236.

[29] 黄晓军、黄馨、崔彩兰等，2014，社会脆弱性概念、分析框架与评价方法 [J]. 地理科学进展，33（11）：1512-1525.

[30] 黄英君，2018，公共管理视域下的社会风险管理体系培育：战略、逻辑与分析框架 [J]. 行政论坛，25（03）：104-111.

[31] 黄英君，2013，社会风险管理：框架、风险评估与工具运用 [J]. 管理世界，(09)：176-177.

[32] 季曦、程倩，2018，国内外协同治理研究比较分析与展望——以《中国行政管理》与《公共行政研究与理论》的相关文献为样本 [J]. 南京邮电大学学报（社会科学版），20（04）：35-46.

[33] 加布里埃尔·A. 阿尔蒙德、西德尼·维伯，1989，公民文化——五国的政治态度和民主 [M]. 徐湘林，等，译. 北京：华夏出版社.

[34] 贾志科、李树斌、周鹏飞，2020，我国性别失衡后果及治理研究回顾与展望 [J]. 西北人口，41（02）：102-113.

[35] 江立华、熊凤水，2007，农民生育中的生男偏好：价值合理性行动——基于皖南 H 村的实证调查 [J]. 江淮论坛，(06)：96-100.

[36] 姜全保、李波，2011，性别失衡对犯罪率的影响研究 [J]. 公共管理学报，8（01）：71-80.

[37] 姜全保、李树茁、费尔德曼，2005，20 世纪中国"失踪女性"数量的估计 [J]. 中国人口科学，(04)：2-11.

[38] 金太军、鹿斌，2016，协同治理生成逻辑的反思与调整 [J]. 行政

论坛，23（05）：1-7.

[39] 金太军，2011，政府公共危机管理失灵：内在机理与消解路径——基于风险社会视域 [J]. 学术月刊，43（09）：5-13.

[40] 金万鹏、孙道进，2021，县域公共文化服务政策执行满意度提升研究——基于重庆市北碚区的问卷调查分析 [J]. 新世纪图书馆，（02）：11-18.

[41] 靳小怡、郭秋菊、崔烨，2014，转型期的农村家庭结构及其对代际关系的影响 [J]. 青年研究，（04）：28-38.

[42] 靳小怡、郭秋菊、刘利鸽等，2010，中国的性别失衡与公共安全——百村调查及主要发现 [J]. 青年研究，（05）：21-30.

[43] 靳小怡、郭秋菊、刘蔚，2012，性别失衡下的中国农村养老及其政策启示 [J]. 公共管理学报，9（03）：71-81.

[44] 靳小怡、李成华、李艳，2011，性别失衡背景下中国农村人口的婚姻策略与婚姻质量——对 X 市和全国百村调查的分析 [J]. 青年研究，（06）：1-10.

[45] 靳小怡、刘利鸽，2009，性别失衡下社会风险与行为失范的识别研究 [J]. 西安交通大学学报（社会科学版），29（06）：41-50.

[46] 靳小怡、谢娅婷、郭秋菊等，2012，"光棍"聚集与社区公共安全——全国百村调查的研究发现 [J]. 西安交通大学学报（社会科学版），32（06）：36-44.

[47] 康传坤、文强、楚天舒，2020，房子还是儿子？——房价与出生性别比 [J]. 经济学（季刊），19（03）：913-934.

[48] 孔凡义，2009，信任、政治信任与政府治理：全球视野下的比较分析 [J]. 中国行政管理，（10）：123-126.

[49] 李诚，2011，我国转型期社会风险及其治理的理论思考——基于风险社会理论的分析 [J]. 学术界，（03）：21-27.

[50] 李汉卿，2014，协同治理理论探析 [J]. 理论月刊，（01）：138-142.

[51] 李辉、任晓春，2010，善治视野下的协同治理研究 [J]. 科学与管理，30（06）：55-58.

[52] 李建国、周文翠，2017，社会风险治理创新机制研究 [J]. 中国特色社会主义研究，（01）：76-80.

[53] 李聿，2020，协同治理中的"合力困境"及其破解——以京津冀大气污染协同治理实践为例 [J]. 行政论坛，27（05）：146-152.

[54] 李树茁、毕雅丽，2015，IAD 框架下的男孩偏好心理机制研究——基于陕西省 71 个县区的调查发现 [J]. 人口与发展，21（06）：57-67.

[55] 李树茁、陈盈晖、杜海峰，2009，中国的性别失衡与社会可持续发展——一个跨学科的研究范式与框架 [J]. 西安交通大学学报（社会科学版），29（06）：28-40.

[56] 李树茁、果臻，2013，当代中国人口性别结构的演变 [J]. 中国人口科学，（02）：11-20.

[57] 李树茁、果臻、尚子娟，2014，中国性别失衡与社会可持续发展的理论、实践与政策创新——国家社科基金重大攻关课题"中国人口性别结构与社会可持续发展战略研究"成果概述 [J]. 西安交通大学学报（社会科学版），34（06）：1-13.

[58] 李树茁、姜全保、孙福滨，2006a，"五普"人口总量和结构的分析与调整 [J]. 人口学刊，（05）：3-8.

[59] 李树茁、姜全保、伊莎贝尔·阿塔尼等，2006b，中国的男孩偏好和婚姻挤压——初婚与再婚市场的综合分析 [J]. 人口与经济，（04）：1-8.

[60] 李树茁、李卫东，2012，性别失衡背景下应对资源与未婚男性农民工的心理失范 [J]. 人口与发展，18（04）：67-77.

[61] 李树茁、孟阳，2018，改革开放 40 年：中国人口性别失衡治理的成就与挑战 [J]. 西安交通大学学报（社会科学版），38（06）：57-67.

[62] 李树茁、尚子娟、杨博等，2012，中国性别失衡问题的社会管理：整体性治理框架 [J]. 公共管理学报，9（04）：90-98.

[63] 李树茁、宋瑞霞，2022，风险社会背景下性别失衡治理的公众参与——基于湖北省的调查 [J]. 人口研究，46（04）：84-98.

［64］李树茁、杨博，2014，健康、权利、政策：性别失衡新解读——
多元视野下的性、社会性别与性别失衡［J］. 探索与争鸣，（09）：
17-21.

［65］李树茁，1996，中国婴幼儿死亡率的性别差异、水平、趋势与变化
［J］. 中国人口科学，（01）：7-21.

［66］李婷婷，2018，协作治理：国内研究和域外进展综论［J］. 社会主
义研究，（03）：131-143.

［67］李卫东、李树茁、费尔德曼 M. W.，2013，性别失衡背景下农民工
心理失范的性别差异研究［J］. 社会，33（03）：65-88.

［68］李卫东、李树茁、权小娟，2014，性别失衡背景下未婚农民工心
理失范性别差异研究［J］. 妇女研究论丛，（06）：16-27.

［69］李卫东、尚子娟，2012，男孩偏好作为一种生育文化的生产与再
生产［J］. 妇女研究论丛，（02）：36-43.

［70］李文彬、陈晓运，2015，政府治理能力现代化的评估框架［J］. 中
国行政管理，（05）：23-28.

［71］李砚忠，2007，论政府信任的产生与效果及其模型构建［J］. 学术
探索，（01）：11-15.

［72］李咏梅，2015，农村生态环境治理中的公众参与度探析［J］. 农村
经济，（12）：94-99.

［73］梁昌勇、朱龙、冷亚军，2012，基于结构方程模型的政府部门公
众满意度测评［J］. 中国管理科学，20（S1）：108-113.

［74］林兴发，2008，当前中国的社会风险及其治理［J］. 云南行政学院
学报，（01）：61-63.

［75］刘波、方奕华、盖小静，2018，社会治理创新对地方政府治理能
力的新要求——基于困境儿童救助网络的实证研究［J］. 中国行政
管理，（06）：53-60.

［76］刘波、王彬、姚引良，2013，网络治理与地方政府社会管理创新［J］.
中国行政管理，（12）：89-93.

［77］刘慧君、李树茁，2011a，出生性别比下降的路径选择与有效机制

[J]. 人口与经济，（04）：1-9.

[78] 刘慧君、李树茁，2010a，性别失衡背景下的社会风险放大及其治理——基于群体性事件的案例分析 [J]. 中国软科学，（05）:152-160.

[79] 刘慧君、李树茁，2010b，性别失衡风险的社会放大与政府危机应对：一个分析模型 [J]. 中国行政管理，（12）：108-113.

[80] 刘慧君、李树茁，2011b，性别失衡下的人口健康与公共安全：国际视野与历史经验 [J]. 人口学刊，（05）：32-40.

[81] 刘慧君、李树茁、马克·费尔德曼，2012，性别失衡下的人口流动与艾滋病传播风险——基于风险选择的元分析 [J]. 人口与经济，（06）：16-24.

[82] 刘慧君、李树茁，2014，性别失衡的社会风险研究——基于社会转型背景 [M]. 北京：社会科学文献出版社.

[83] 刘佳燕、沈毓颖，2017，面向风险治理的社区韧性研究 [J]. 城市发展研究，24（12）：83-91.

[84] 刘建平、陈文琼，2016，"最后一公里"困境与农民动员——对资源下乡背景下基层治理困境的分析 [J]. 中国行政管理，（02）:57-63.

[85] 刘密霞、王益民、丁艺，2015，政府信息公开推动电子政务环境下的公众参与 [J]. 电子政务，（06）：76-82.

[86] 刘鹏，2017，风险社会与行政国家再造：一个行政学的阐释框架 [J]. 学海，（03）：69-76.

[87] 刘爽，2006，对中国生育"男孩偏好"社会动因的再思考 [J]. 人口研究，（03）：2-9.

[88] 刘伟，2015，政策变革与差序政府信任再生产——取消农业税的政治效应分析 [J]. 复旦学报（社会科学版），57（03）：157-164.

[89] 刘玮、李艳玲、康思敏等，2019，风险社会视域下农村公共危机防控的公众满意度分析——基于结构方程的探索 [J]. 世界农业，（08）：56-63.

[90] 刘小康，2013，论公共政策执行力及其影响因素 [J]. 新视野，（05）：60-63.

[91] 刘小康，2015，政府信息公开的审视：基于行政决策公众参与的视角 [J]．中国行政管理，(08)：71-76.

[92] 刘岩、赵延东，2011，转型社会下的多重复合性风险 三城市公众风险感知状况的调查分析 [J]．社会，31 (04)：175-194.

[93] 刘中梅、彭绪梅，2017，风险治理中政府信息对公众参与意向的影响分析——以纳米技术风险治理为例 [J]．辽宁师范大学学报（社会科学版），40 (06)：67-74.

[94] 刘中一，2013，创新出生性别比治理机制 [J]．人口与发展，19 (01)：110-112.

[95] 刘中一，2015，生育政策取向的出生性别比治理 [J]．重庆社会科学，(08)：26-32.

[96] 卢阳旭，2013，国外灾害社会学中的城市社区应灾能力研究——基于社会脆弱性视角 [J]．城市发展研究，20 (09)：83-87.

[97] 陆杰华，2016，全面二孩政策背景下完善出生性别比综合治理体系的思考 [J]．人口与发展，22 (03)：29-31.

[98] 陆杰华、张韵，2014，中国性别失衡的公共治理视角："预前"与"预后" [J]．西安交通大学学报（社会科学版），34 (06)：24-26.

[99] 逯进、刘璐，2020，性别失衡对房价的影响——来自中国城市的证据 [J]．人口学刊，42 (02)：5-16.

[100] 罗伯特·D.帕特南，2001，使民主运转起来：现代意大利的公民传统 [M]．王列，赖海榕，译．南昌：江西人民出版社．

[101] 罗豪才、宋功德，2005，公域之治的转型——对公共治理与公法互动关系的一种透视 [J]．中国法学，(05)：3-23.

[102] 罗开艳、田启波，2020，政府环境信息公开与居民环境治理参与意愿 [J]．现代经济探讨，(07)：33-43.

[103] 李树茁，2013，性别失衡、男性婚姻挤压与婚姻策略 [J]．探索与争鸣，(05)：22-23.

[104] 马亮，2012，政府信息公开的影响因素：中国地级市的实证研究 [J]．情报杂志，31 (09)：142-146.

[105] 马晓东，2021，政府、市场与社会合作视角下的灾害协同治理研究 [J]. 经济问题，（01）：18-22.

[106] 孟天广、李锋，2017，政府质量与政治信任：绩效合法性与制度合法性的假说 [J]. 江苏行政学院学报，（06）：99-108.

[107] 木永跃，2019，流动人口社会风险管理研究范式的革新 [J]. 上海行政学院学报，20（03）：91-101.

[108] 尼克拉斯·卢曼，2005，信任：一个社会复杂性的简化机制 [M]. 瞿铁鹏，李强，译. 上海：上海人民出版社.

[109] 聂挺，2014，风险管理视域：中国公共危机治理机制研究 [D]. 武汉大学.

[110] 牛春华、江志欣，2020，重大公共安全事件防控的风险沟通：整合框架与可能路径 [J]. 兰州大学学报（社会科学版），48（02）：25-37.

[111] 欧黎明、朱秦，2009，社会协同治理：信任关系与平台建设 [J]. 中国行政管理，（05）：118-121.

[112] 庞玉清，2018，国家治理视域下的政府信任生成逻辑与增进策略 [J]. 社会科学战线，（06）：266-270.

[113] 强月新、余建清，2008，风险沟通：研究谱系与模型重构 [J]. 武汉大学学报（人文科学版），（04）：501-505.

[114] 全燕，2013，信任在风险沟通中的角色想象 [J]. 学术研究，（11）：58-62.

[115] 任弢，2018，政府信息可得性、治理能力与政治信任 [J]. 人文杂志，（03）：104-111.

[116] 芮国强、宋典，2012a，政府服务质量影响政府信任的实证研究 [J]. 学术界，（09）：192-201.

[117] 芮国强、宋典，2012b，信息公开影响政府信任的实证研究 [J]. 中国行政管理，（11）：96-101.

[118] 沙勇忠、解志元，2010，论公共危机的协同治理 [J]. 中国行政管理，（04）：73-77.

[119] 尚子娟、李树苗、费尔德曼，2015，性别失衡公共治理结构对绩效的影响——基于陕西省71个县区的实证研究 [J]. 中国行政管理，(10)：87-93.

[120] 尚子娟、杨雪燕、毕雅丽，2012，性别失衡治理工具选择模型的实证研究——以国家"关爱女孩行动"43个试点县区为例 [J]. 西安交通大学学报（社会科学版），32（01）：57-62.

[121] 尚子娟，2014，中国性别失衡公共治理的探索与实践 [J]. 西安交通大学学报（社会科学版），34（06）：33-35.

[122] 邵任薇、胡国鹏、杨齐，2020，社区治理绩效的影响因素研究——基于社会联盟理论视角 [J]. 甘肃行政学院学报，(03)：73-80.

[123] 史传林，2014，社会治理中的政府与社会组织合作绩效研究 [J]. 广东社会科学，(05)：81-88.

[124] 斯科特·拉什，2002，风险社会与风险文化 [J]. 王武龙，编译. 马克思主义与现实，(04)：52-63.

[125] 宋健，2009，中国出生人口性别比偏高问题的政策回应与效果——兼论县级层面社会政策协调的探索与启示 [J]. 人口研究，33（04）：1-9.

[126] 宋月萍、张婧文，2017，越少就会越好吗？——婚姻市场性别失衡对女性遭受家庭暴力的影响 [J]. 妇女研究论丛，(03)：5-15.

[127] 隋永强、杜泽、张晓杰，2020，基于社区的灾害风险管理理论：一个多元协同应急治理框架 [J]. 天津行政学院学报，22（06）：65-74.

[128] 孙彩红，2020，协同治理视域下政府资源整合与组织能力分析——以新冠肺炎疫情防控为例 [J]. 四川大学学报（哲学社会科学版），(04)：59-66.

[129] 孙萍、闫亭豫，2013，我国协同治理理论研究述评 [J]. 理论月刊，(03)：107-112.

[130] 汤兆云，2010，风险管理中的社会协同问题——基于人口风险管理的研究 [J]. 中国软科学，(S1)：185-192.

［131］唐钧，2009，风险沟通的管理视角［J］. 中国人民大学学报，23（05）：33-39.

［132］陶国根，2008，论社会管理的社会协同机制模型构建［J］. 四川行政学院学报，（03）：21-25.

［133］陶涛，2012，农村妇女对子女的效用预期与其男孩偏好的关系［J］. 人口与经济，（02）：25-32.

［134］陶自祥，2011，代内剥削：农村光棍现象的一个分析框架——基于渝北 S 村长子打光棍的调查［J］. 青年研究，（05）：31-38.

［135］田培杰，2014，协同治理概念考辨［J］. 上海大学学报（社会科学版），31（01）：124-140.

［136］田亚平、向清成、王鹏，2013，区域人地耦合系统脆弱性及其评价指标体系［J］. 地理研究，32（01）：55-63.

［137］田玉麒，2017，协同治理的运作逻辑与实践路径研究［D］. 吉林大学.

［138］童星、曹海林，2012，2007—2010 年国内风险社会研究述评［J］. 江苏大学学报（社会科学版），14（01）：8-13.

［139］童星，2012，社会管理创新八议——基于社会风险视角［J］. 公共管理学报，9（04）：81-89.

［140］王东，2011，企业风险管理中的风险沟通机制研究［J］. 保险研究，（04）：62-69.

［141］王锋，2013，当代风险感知理论研究：流派、趋势与论争［J］. 北京航空航天大学学报（社会科学版），26（03）：18-24.

［142］王京京，2014，国外社会风险理论研究的进展及启示［J］. 国外理论动态，（09）：95-103.

［143］王军，2013，生育政策和社会经济状况对中国出生性别比失衡的影响［J］. 人口学刊，35（05）：5-14.

［144］王俊秀、周迎楠、刘晓柳，2020，信息、信任与信心：风险共同体的建构机制［J］. 社会学研究，35（04）：25-45.

［145］王骚、王达梅，2006，公共政策视角下的政府能力建设［J］. 政

治学研究，（04）：67-76.

[146] 王晓楠、叶茂鑫，2021，放大还是缩小：差异化人际信任对雾霾风险感知的影响机制［J］. 福建论坛（人文社会科学版），（02）：186-200.

[147] 王莹、王义保，2015，公众参与：政府信任提升的动力机制［J］. 学术论坛，38（06）：47-50.

[148] 韦艳、李静、李卫东，2012，性别失衡下相关利益者的微观失范研究［J］. 人口与发展，18（05）：26-35.

[149] 韦艳、李静，2011，政策网络视角下中韩性别失衡治理比较研究［J］. 人口学刊，（02）：46-57.

[150] 韦艳、梁义成，2008，韩国出生性别比失衡的公共治理及对中国的启示［J］. 人口学刊，（06）：15-22.

[151] 韦艳、吴燕，2011，整体性治理视角下中国性别失衡治理碎片化分析及路径选择［J］. 人口研究，35（02）：15-27.

[152] 魏下海、万江滔，2020，人口性别结构与家庭资产选择：性别失衡的视角［J］. 经济评论，（05）：152-164.

[153] 乌尔里希·贝克，2004，风险社会［M］. 何博闻，译. 南京：译林出版社.

[154] 吴春梅、庄永琪，2013，协同治理：关键变量、影响因素及实现途径［J］. 理论探索，（03）：73-77.

[155] 吴帆，2018，家庭发展政策视角下的出生人口性别比治理实践［J］. 人口与计划生育，（05）：26-30.

[156] 吴帆，2010，治理出生性别比失调公共政策的困境与"帕累托改进"路径［J］. 人口研究，34（05）：93-103.

[157] 吴建南、陈妮，2006，探索政府管理的"黑箱"：管理能力对政府绩效的影响分析［J］. 湘潭大学学报（哲学社会科学版），（02）：122-127.

[158] 吴建南、刘仟仟、陈子韬等，2020，中国区域大气污染协同治理机制何以奏效？来自长三角的经验［J］. 中国行政管理，（05）：

32-39.

[159] 吴结兵、钱倩严慧、程远，2022，共同生产行为与公共服务感知绩效：对环境治理的一个跨层次分析 [J]. 浙江大学学报（人文社会科学版），52（01）：22-38.

[160] 谢新水，2010，公共领域合作的初始条件和发展变量——一个定性研究 [J]. 中国行政管理，（03）：118-123.

[161] 谢玉华、张群艳，2013，新生代员工参与对员工满意度的影响研究 [J]. 管理学报，10（08）：1162-1169.

[162] 徐嫣、宋世明，2016，协同治理理论在中国的具体适用研究 [J]. 天津社会科学，（02）：74-78.

[163] 薛澜、张帆、武沐瑶，2015，国家治理体系与治理能力研究：回顾与前瞻 [J]. 公共管理学报，12（03）：1-12.

[164] 闫绍华、李卫东、杨博，2010，性别失衡微观治理模式的比较与分析——基于三个县"关爱女孩行动"的案例研究 [J]. 西安交通大学学报（社会科学版），30（03）：70-77.

[165] 闫亭豫，2015，国外协同治理研究及对我国的启示 [J]. 江西社会科学，35（07）：244-250.

[166] 严燕、刘祖云，2014，风险社会理论范式下中国"环境冲突"问题及其协同治理 [J]. 南京师大学报（社会科学版），（03）：31-41.

[167] 阎波、李泓波、吴佳顺等，2013，政府信息公开的影响因素：中国省级政府的实证研究 [J]. 当代经济科学，35（06）：67-77.

[168] 燕继荣，2017，社会变迁与社会治理——社会治理的理论解释 [J]. 北京大学学报（哲学社会科学版），54（05）：69-77.

[169] 燕继荣，2013，协同治理：社会管理创新之道——基于国家与社会关系的理论思考 [J]. 中国行政管理，（02）：58-61.

[170] 杨博、李树茁，2018，性别失衡后果的社会风险及其社区和家庭扩散研究 [J]. 南京社会科学，（05）：89-95.

[171] 杨博、孟阳，2016，性别失衡社会的家庭发展分析框架与实践 [J]. 西安交通大学学报（社会科学版），36（06）：119-122.

[172] 杨菊华，2016，"普二新政"下出生性别比综合治理的挑战及其应对 [J]. 探索，（01）：75-80.

[173] 杨开峰、邢小宇、刘卿斐等，2021，我国治理研究的反思（2007—2018）：概念、理论与方法 [J]. 行政论坛，28（01）：119-128.

[174] 杨清华，2011，协同治理与公民参与的逻辑同构与实现理路 [J]. 北京工业大学学报（社会科学版），11（02）：46-50.

[175] 杨婷、杨雪燕，2014，治理政策、乡土文化圈和男孩偏好：中国农村背景下的三方博弈 [J]. 妇女研究论丛，（05）：41-48.

[176] 杨雪冬，2007，风险社会中的复合治理与和谐社会 [J]. 探索与争鸣，（02）：24-26.

[177] 杨雪冬，2004，全球化、风险社会与复合治理 [J]. 马克思主义与现实，（04）：61-77.

[178] 杨雪燕、吉莉安·爱因斯坦，2012，主观规范对生育性别选择行为倾向的影响：基于 TRA 模型及中国农村社会关系结构的解释 [J]. 妇女研究论丛，（05）：5-16.

[179] 杨雪燕、李树茁，2008，出生性别比偏高治理中的公共政策失效原因分析 [J]. 公共管理学报，（04）：84-92.

[180] 杨雪燕、李树茁，2009，国际视野中的性别失衡公共治理：比较与借鉴 [J]. 公共管理学报，6（03）：92-101.

[181] 杨雪燕、李树茁，2013，约束型政策对于生育性别选择行为的影响：基于 TPB 模型的解释 [J]. 人口与发展，19（04）：54-64.

[182] 杨雪燕、伊莎贝拉·阿塔尼、李树茁，2012，大龄未婚男性的男男性行为及其对公共安全的意义：基于中国农村性别失衡背景的研究发现 [J]. 中国软科学，（05）：58-67.

[183] 杨雪燕、伊莎贝拉·阿塔尼、李树茁，2013，性别失衡与人口流动视角下的男男性行为：来自中国城市地区的证据 [J]. 人口与发展，19（01）：90-97.

[184] 俞可平，2012，重构社会秩序 走向官民共治 [J]. 国家行政学院学报，（04）：4-5.

[185] 郁建兴、任泽涛，2012，当代中国社会建设中的协同治理——一个分析框架 [J]. 学术月刊，44（08）：23-31.

[186] 袁同成，2010，论建立农村社会养老保障对"生男偏好"的影响 [J]. 人口与经济，（03）：80-85.

[187] 袁微、黄蓉，2018，性别比例失衡对消费的影响——基于婚姻匹配竞争和家庭代际关系视角的分析 [J]. 山西财经大学学报，40（02）：15-27.

[188] 张彬斌、汪德华，2018，中国农村婚龄人口性别失衡对女性离婚决策的影响 [J]. 社会发展研究，5（02）：118-138.

[189] 张成福、边晓慧，2013，重建政府信任 [J]. 中国行政管理，（09）：7-14.

[190] 张成福、陈占锋、谢一帆，2009，风险社会与风险治理 [J]. 教学与研究，（05）：5-11.

[191] 张成岗、黄晓伟，2016，"后信任社会"视域下的风险治理研究嬗变及趋向 [J]. 自然辩证法通讯，38（06）：14-21.

[192] 张川川、陶美娟，2020，性别比失衡、婚姻支付与代际支持 [J]. 经济科学，（02）：87-100.

[193] 张国磊、张新文、马丽，2017，农村环境治理的策略变迁：从政府动员到政社互动 [J]. 农村经济，（08）：70-76.

[194] 张海波，2020，应急管理的全过程均衡：一个新议题 [J]. 中国行政管理，（03）：123-130.

[195] 张华，2017，权力互动视角下的政府网络信息公开——基于对省级政府网络理政能力的实证分析 [J]. 情报杂志，36（05）：135-138.

[196] 张洁、张涛甫，2009，美国风险沟通研究：学术沿革、核心命题及其关键因素 [J]. 国际新闻界，（09）：95-101.

[197] 张紧跟，2014，参与式治理：地方政府治理体系创新的趋向 [J]. 中国人民大学学报，28（06）：113-123.

[198] 张立荣、冷向明，2008，协同治理与我国公共危机管理模式创新——基于协同理论的视角 [J]. 华中师范大学学报（人文社会科学版），

(02)：11-19.

[199] 张丽娜、孙书琦，2021，超大城市基层社区公共安全风险治理困境与提升研究——基于北京市社区的调查分析 [J]. 中国行政管理，(12)：142-147.

[200] 张书维、周洁、王二平，2009，群体相对剥夺前因及对集群行为的影响——基于汶川地震灾区民众调查的实证研究 [J]. 公共管理学报，6 (04)：69-77.

[201] 张振波，2015，论协同治理的生成逻辑与建构路径 [J]. 中国行政管理，(01)：58-61.

[202] 张震、马茜，2022，中国出生性别比转变的人口老龄化后果：前景与对策 [J]. 人口研究，46 (01)：3-18.

[203] 赵光勇，2013，参与式治理：通过"参与"实现地方"治理" [J]. 观察与思考，(11)：41-45.

[204] 赵延东，2004，风险社会与风险治理 [J]. 中国科技论坛，(04)：121-125.

[205] 郑巧、肖文涛，2008，协同治理：服务型政府的治道逻辑 [J]. 中国行政管理，(07)：48-53.

[206] 郑石明，2017，数据开放、公众参与和环境治理创新 [J]. 行政论坛，24 (04)：76-81.

[207] 郑石明、吴桃龙，2019，中国环境风险治理转型：动力机制与推进策略 [J]. 中国地质大学学报（社会科学版），19 (01)：11-21.

[208] 郑思尧、孟天广，2022，公共危机治理中的政府信息公开与治理效度——基于一项调查实验 [J]. 公共管理与政策评论，11 (01)：88-103.

[209] 郑也夫，2001，信任与社会秩序 [J]. 学术界，(04)：30-40.

[210] 钟开斌，2007，风险管理研究：历史与现状 [J]. 中国应急管理，(11)：20-25.

[211] 钟伟军、陶青青，2021，压力下的权威拓展：基层政府如何塑造非正式治理资源？——基于浙江省 W 镇"仲规侬"的案例分析

[J]. 公共管理学报, 18 (02): 128-139.

[212] 周定财, 2017, 基层社会管理创新中的协同治理研究 [D]. 苏州大学.

[213] 周垚, 2010, 中国治理出生性别比偏高的公共政策研究 [D]. 南开大学.

[214] 朱纪华, 2010, 协同治理: 新时期我国公共管理范式的创新与路径 [J]. 上海市经济管理干部学院学报, 8 (01): 5-10.

[215] 朱友刚, 2012, 服务型政府视角下的政府信息公开研究 [D]. 山东大学.

[216] 朱正威、胡永涛、郭雪松, 2012, 基于贝叶斯网络的性别失衡风险传导研究 [J]. 公共管理学报, 9 (04): 99-110.

[217] 朱正威、刘莹莹、石佳等, 2019, 政策过程中风险沟通有效性的影响因素研究——基于西安市出租车调价政策的实证分析 [J]. 西安交通大学学报 (社会科学版), 39 (05): 74-82.

[218] 朱正威、刘泽照、张小明, 2014, 国际风险治理: 理论、模态与趋势 [J]. 中国行政管理, (04): 95-101.

[219] Andrews R., Boyne G. A., 2010, Capacity, leadership, and organizational performance: Testing the black box model of public management [J]. Public Administration Review, 70 (3): 443-454.

[220] Andrews R., Brewer G. A., 2013, Social capital, management capacity and public service performance evidence from the US states [J]. Public Management Review, 15 (1): 19-42.

[221] Andrews R., 2007, Civic culture and public service failure: An empirical exploration [J]. Urban Studies, 44 (4): 845-863.

[222] Ansell C., Gash A., 2008, Collaborative governance in theory and practice [J]. Journal of Public Administration Research and Theory, 18 (4): 543-571.

[223] Bakir C., 2021, Actions, contexts, mechanisms and outcomes in macroprudential policy design and implementation [J]. Public Policy

and Administration, 36 (2): 205-231.

[224] Biesbroek R., Dupuis J., Wellstead A., 2017, Explaining through causal mechanisms: Resilience and governance of social-ecological systems [J]. Current Opinion in Environmental Sustainability, 28:64-70.

[225] Binder A. R., Scheufele D. A., Brossard D., et al., 2011, Interpersonal amplification of risk? Citizen discussions and their impact on perceptions of risks and benefits of a biological research facility [J]. Risk Analysis, 31 (2): 324-334.

[226] Birkmann J., Cardona O. D., Carreno M. L., et al., 2013, Framing vulnerability, risk and societal responses: The move framework [J]. Natural Hazards, 67 (2): 193-211.

[227] Bryson J. M., Crosby B. C., Stone M. M., 2015, Designing and implementing cross-sector collaborations: Needed and challenging [J]. Public Administration Review, 75 (5): 647-663.

[228] Cai Y., Lavely W. R., 2003, China's missing girls: Numerical estimates and effects on population growth [J]. China Review, 3 (2): 13-29.

[229] Coale A. J., Banister J., 1994, Five decades of missing females in China [J]. Demography, 31 (3): 459-479.

[230] Coffé H., Geys B., 2005, Institutional performance and social capital: An application to the local government level [J]. Journal of Urban Affairs, 27 (5): 485-501.

[231] Committee On Risk Perception And Communication NRC, 1989, Improving risk communication [M]. Washington, D. C.: National Academy Press.

[232] Das Gupta M., Jiang Z. H., Li B. H., et al., 2003, Why is son preference so persistent in east and south Asia? A cross-country study of China, India and the Republic of Korea [J]. Journal of Development Studies, 40 (2): 153-187.

[233] Das T. K., Teng B. S., 2004, The risk-based view of trust: A conceptual framework [J]. Journal of Business and Psychology, 19 (1): 85-116.

[234] Datt G., Liu C., Smyth R., 2022, Missing women in China and India over seven decades: An analysis of birth and mortality data from 1950 to 2020 [J]. Journal of Development Studies, 58 (9): 1807-1830.

[235] Davin D., 2005, Marriage migration in China: The enlargement of marriage markets in the era of market reforms [J]. Indian Journal of Gender Studies, 12 (2-3): 173-188.

[236] Dong Z., Alhaj-Yaseen Y., Jiao Y., et al., 2021, Surplus men and scarce women: The impact of mating competition on the desire for sons in China [J]. Pacific Economic Review, 26 (3): 339-371.

[237] Dubnick M., 2005, Accountability and the promise of performance: In search of the mechanisms [J]. Public Performance & Management Review, 28 (3): 376-417.

[238] Ebenstein A. Y., Sharygin E. J., 2009, The consequences of the "missing girls" of China [J]. World Bank Economic Review, 23 (3): 399-425.

[239] Edlund L., Li H., Yi J., et al., 2013, Sex ratios and crime: Evidence from China [J]. Review of Economics and Statistics, 95 (5): 1520-1534.

[240] Eklund L., 2018, Filial daughter? Filial son? How China's young urban elite negotiate intergenerational obligations [J]. NORA-Nordic Journal of Feminist and Gender Research, 26 (4): 295-312.

[241] Emerson K., 2018, Collaborative governance of public health in low- and middle-income countries: lessons from research in public administration [J]. BMJ Global Health, 3 (4): 1-9.

[242] Emerson K., Nabatchi T., Balogh S., 2012, An integrative framework for collaborative governance [J]. Journal of Public Administration

Research and Theory, 22 (1): 1-29.

[243] Emerson K. , Nabatchi T. , 2015, Evaluating the productivity of collaborative governance regimes: A performance matrix [J]. Public Performance & Management Review, 38 (4): 717-747.

[244] Falleti T. G. , Lynch J. F. , 2009, Context and causal mechanisms in political analysis [J]. Comparative Political Studies, 42 (9): 1143-1166.

[245] Feiock R. C. , 2013, The institutional collective action framework [J]. Policy Studies Journal, 41 (3): 397-425.

[246] Finney S. J. , DiStefano C. , 2013, Non-normal and categorical data in structural equation modeling [M]//Hancock G. R. , Mueller R. O. , editors. Structural equation modeling: A second course (Second Edition). Information Age Publishing: Charlotte, NC: 439-492.

[247] Fischer F. , 2012, Participatory governance: From theory to practice. In: Levi-Faur D. , editor. The oxford handbook of governance [M]. Oxford University Press: 457-471.

[248] Fisman R. , Khanna T. , 1999, Is trust a historical residue? Information flows and trust levels [J]. Journal of Economic Behavior & Organization, 38 (1): 79-92.

[249] Ford J. K. , Maccallum R. C. , Tait M. , 1986, The application of exploratory factor analysis in applied psychology: A critical review and analysis [J]. Personnel Psychology, 39 (2): 291-314.

[250] Fraume M. M. , Cardona A. O. , Marulanda Fraume P. , et al. , 2020, Evaluating risk from a holistic perspective to improve resilience: The united nations evaluation at global level [J] . Safety Science, 127:1-15.

[251] Fung A. , 2015, Putting the public back into governance: The challenges of citizen participation and its future [J]. Public Administration Review, 75 (4): 513-522.

[252] Gerring J. , 2010, Causal mechanisms: yes, but … [J]. Comparative Political Studies, 43 (11): 1499-1526.

[253] Grimmelikhuijsen S. G. , Meijer A. J. , 2014, Effects of transparency on the perceived trustworthiness of a government organization: Evidence from an online experiment [J]. Journal of Public Administration Research and Theory, 24 (1): 137-157.

[254] Guilmoto C. Z. , 2012, Skewed sex ratios at birth and future marriage squeeze in China and India, 2005-2100 [J]. Demography, 49 (1): 77-100.

[255] Hansson S. O. , 2010, Risk: Objective or subjective, facts or values [J]. Journal of Risk Research, 13 (2): 231-238.

[256] Harrison T. M. , Sayogo D. S. , 2014, Transparency, participation, and accountability practices in open government: A comparative study [J]. Government Information Quarterly, 31 (4): 513-525.

[257] He A. J. , Ma L. , 2021, Citizen participation, perceived public service performance, and trust in government: Evidence from health policy reforms in Hong Kong [J]. Public Performance & Management Review, 44 (3): 471-493.

[258] Hendriks F. , 2009, Contextualizing the dutch drop in political trust: Connecting underlying factors [J]. International Review of Administrative Sciences, 75 (3): 473-491.

[259] Holbrook C. , 2020, Redesigning collaborative governance for refugee settlement services [J]. Australian Journal of Political Science, 55 (1): 86-97.

[260] Huang Y. C. , Lu Y. , Choy C. H. Y. et al. , 2020, How responsiveness works in mainland China: Effects on institutional trust and political participation [J]. Public Relations Review, 46 (1): 1-11.

[261] Hudson V. M. , Den Boer A. , 2002, A surplus of men, a deficit of peace-security and sex ratios in Asia's largest states [J]. International

Security, 26 (4): 5-38.

[262] Huhe N. , Chen J. , Tang M. , 2015, Social trust and grassroots governance in rural China [J]. Social Science Research, 53: 351-363.

[263] Irvin R. A. , Stansbury J. , 2004, Citizen participation in decision making: Is it worth the effort? [J]. Public Administration Review, 64 (1): 55-65.

[264] Jager N. W. , Newig J. , Challies E. , et al. , 2020, Pathways to implementation: Evidence on how participation in environmental governance impacts on environmental outcomes [J]. Journal of Public Administration Research and Theory, 30 (3): 383-399.

[265] Jiang Q. , Li S. , Feldman M. W. , et al. , 2012, Estimates of missing women in twentieth-century China [J]. Continuity and Change, 27 (3): 461-479.

[266] Jin X. , Liu L. , Li Y. , et al. , 2013, "Bare branches" and the marriage market in rural China preliminary evidence from a village-level survey [J]. Chinese Sociological Review, 46 (1): 83-104.

[267] Joseph C. , Reddy S. , 2013, Risk perception and safety attitudes in Indian army aviators [J]. International Journal of Aviation Psychology, 23 (1): 49-62.

[268] Kathlene L. , Martin J. A. , 1991, Enhancing citizen participation: Panel designs, perspectives, and policy formation [J]. Journal of Policy Analysis and Management, 10 (1): 46-63.

[269] Keast R. , Mandell M. R. , Brown K. , et al. , 2004, Network structures: Working differently and changing expectations [J]. Public Administration Review, 64 (3): 363-371.

[270] Kettl D. F. , 2006, Managing boundaries in American administration: The collaboration imperative [J]. Public Administration Review, 66 (s1): 10-19.

[271] Kim S. , 2010, Collaborative governance in South Korea: Citizen par-

ticipation in policy making and welfare service provision [J]. Asian Perspective, 34 (3): 165-190.

[272] Kim S., Lee J., 2012, E-participation, transparency, and trust in local government [J]. Public Administration Review, 72 (6):819-828.

[273] Knack S., 2002, Social capital and the quality of government: Evidence from the States [J]. American Journal of Political Science, 46 (4): 772-785.

[274] Lee D., 2019, Can communication by the government improve trust and reduce risk perception? [J]. International Review of Public Administration, 24 (3): 42-56.

[275] Levi M., Stoker L., 2000, Political trust and trustworthiness [J]. Annual Review of Political Science, 3: 475-507.

[276] Lindell M. K., Perry R. W., 2012, The protective action decision model: Theoretical modifications and additional evidence [J]. Risk Analysis, 32 (4): 616-632.

[277] Li W., Li S., Feldman M. W., 2019, Marriage aspiration, perceived marriage squeeze, and anomie among unmarried rural male migrant workers in China [J]. American Journal of Mens Health, 13 (3): 1-16.

[278] Li X., Chan M. W. L., Spencer B. G., et al., 2016, Does the marriage market sex ratio affect parental sex selection? Evidence from the Chinese census [J]. Journal of Population Economics, 29 (4): 1063-1082.

[279] Loh, C., Remick, E. J., 2015, China's skewed sex ratio and the one-child policy [J]. The China Quarterly, 222: 295-319.

[280] Ma L., Christensen T., 2019, Government trust, social trust, and citizens' risk concerns: Evidence from crisis management in China [J]. Public Performance & Management Review, 42 (2): 383-404.

[281] May B., Plummer R., 2011, Accommodating the challenges of cli-

mate change adaptation and governance in conventional risk management: adaptive collaborative risk management (acrm) [J]. Ecology and Society, 16 (1).

[282] Mayer R. C., Davis J. H., Schoorman F. D., 1995, An integrative model of organizational trust [J]. Academy of Management Review, 20 (3): 709-734.

[283] McGuire M., 2006, Collaborative public management: Assessing what we know and how we know it [J]. Public Administration Review, 66: 33-43.

[284] Mizrahi S., Vigoda-Gadot E., Cohen N., 2009, Trust, participation, and performance in public administration: An empirical examination of health services in Israel [J]. Public Performance & Management Review, 33 (1): 7-33.

[285] Nalbandian J., 2005, Professionals and the conflicting forces of administrative modernization and civic engagement [J]. American Review of Public Administration, 35 (4): 311-326.

[286] Neshkova M. I., Guo H. D., 2012, Public participation and organizational performance: evidence from state agencies [J]. Journal of Public Administration Research and Theory, 22 (2): 267-288.

[287] Newig J., Challies E., Jager N. W., et al., 2018, The environmental performance of participatory and collaborative governance: A framework of causal mechanisms [J]. Policy Studies Journal, 46 (2): 269-297.

[288] Nguyen T. D., Attkisson C. C., Stegner B. L., 1983, Assessment of patient satisfaction: Development and refinement of a service evaluation questionnaire. [J]. Evaluation and Program Planning, 6 (3-4): 299-313.

[289] Nunnally J. C., Bernstein I. H., 1994, Psychometric theory, 3rd edition [M]. New York: McGraw-Hill.

[290] OECD, 2001, Citizens as partners [M]. Paris: OECD Publishing.

[291] Olsson P., Folke C., Berkes F., 2004, Adaptive co-management for building resilience in social-ecological systems [J]. Environmental Management, 34 (1): 75-90.

[292] Ostrom E., 2000, Collective action and the evolution of social norms [J]. Journal of Economic Perspectives, 14 (3): 137-158.

[293] Pidgeon N., 1998, Risk assessment, risk values and the social science programme: Why we do need risk perception research [J]. Reliability Engineering & System Safety, 59 (1): 5-15.

[294] Porumbescu G. A., 2017, Does transparency improve citizens' perceptions of government performance? Evidence from Seoul, South Korea [J]. Administration & Society, 49 (3): 443-468.

[295] Prakash N., Vadlamannati K. C., 2019, Girls for sale? Child sex ratio and girl trafficking in India [J]. Feminist Economics, 25 (4): 267-308.

[296] Robitaille M., 2020, Conspicuous daughters: Exogamy, marriage expenditures, and son preference in India [J]. The Journal of Development Studies, 56 (3): 630-647.

[297] Sandman P. M., 1993, Responding to community outrage: Strategies for effective risk communication [M]. New York: America Industrial Hygiene Association.

[298] Schleifer P., Fiorini M., Auld G., 2019, Transparency in transnational governance: The determinants of information disclosure of voluntary sustainability programs [J]. Regulation & Governance, 13 (4): 488-506.

[399] Schmidthuber L., Ingrams A., Hilgers D., 2021, Government openness and public trust: The mediating role of democratic capacity [J]. Public Administration Review, 81 (1): 91-109.

[300] Scholz R. W., Blumer Y. B., Brand F. S., 2012, Risk, vulnera-

bility, robustness, and resilience from a decision-theoretic perspective [J]. Journal of Risk Research, 15 (3): 313-330.

[301] Scholz R. W. , Siegrist M. , 2010, Low risks, high public concern? The cases of persistent organic pollutants (pops), heavy metals, and nanotech particles [J]. Human and Ecological Risk Assessment, 16 (1): 185-198.

[302] Scott T. , Thomas C. , 2015, Do collaborative groups enhance inter-organizational networks? [J]. Public Performance & Management Review, 38 (4): 654-683.

[303] Slovic P. , 1987, Perception of risk [J]. Science, 236 (4799): 280-285.

[304] Song R. , Li S. , Eklund L. , 2022, Can risk perception alter son preference? Evidence from gender-imbalanced rural China [J]. Journal of Development Studies, 58 (12): 2566-2582.

[305] Song R. , Li S. , Feldman M. W. , 2021, Public participation and governance performance in gender-imbalanced central rural China: The roles of trust and risk perception [J]. Social Sciences, 10 (7): 1-20.

[306] Stier S. , 2015, Political determinants of e-government performance revisited: Comparing democracies and autocracies [J]. Government Information Quarterly, 32 (3): 270-278.

[307] Tolbert C. J. , Mossberger K. , 2006, The effects of e-government on trust and confidence in government [J]. Public Administration Review, 66 (3): 354-369.

[308] Trinh H. H. H. , Milan T. S. , 2022, Democratic governance: Examining the influence of citizen participation on local government performance in Vietnam [J]. International Journal of Public Administration, 45 (1): 4-22.

[309] Turner B. L. , Kasperson R. E. , Matson P. A. , et al. , 2003, A framewor, k for vulnerability analysis in sustainability science [J].

Proceedings of the National Academy of Sciences of the United States of America, 100 (14): 8074-8079.

[310] Ulibarri N., 2015a, Collaboration in federal hydropower licensing: Impacts on process, outputs, and outcomes [J]. Public Performance & Management Review, 38 (4): 578-606.

[311] Ulibarri N., 2015b, Tracing process to performance of collaborative governance: A comparative case study of federal hydropower licensing [J]. Policy Studies Journal, 43 (2): 283-308.

[312] Wachinger G., Renn O., Begg C., et al., 2013, The risk perception paradox-implications for governance and communication of natural hazards [J]. Risk Analysis, 33 (6): 1049-1065.

[313] Wang X., Van Wart M., 2007, When public participation in administration leads to trust: An empirical assessment of managers' perceptions [J]. Public Administration Review, 67 (2): 265-278.

[314] Weinberg A. M., 1977, Is nuclear-energy acceptable? [J]. Bulletin of the Atomic Scientists, 33 (4): 54-60.

[315] Xu M., Wu J., 2020, Can Chinese-style environmental collaboration improve the air quality? A quasi-natural experimental study across Chinese cities [J]. Environmental Impact Assessment Review, 85.

[316] Yang X., Li S., Attane I., et al., 2017, On the relationship between the marriage squeeze and the quality of life of rural men in China [J]. American Journal of Mens Health, 11 (3): 702-710.

[317] Yang X., Wang S., Eklund L., 2020, Reacting to social discrimination? Men's individual and social risk behaviors in the context of a male marriage squeeze in rural China [J]. Social Science & Medicine, 246: 1-10.

[318] Zhang S., Wang L., 2021, The influence of government transparency on governance efficiency in information age: The environmental governance behavior of Guangdong, China [J]. Journal of Enterprise In-

formation Management, 34 (1): 446-459.

［319］Zhu Y., Yi C., 2022, The role of gender imbalance perceptions, risk preference, and age in the effect of mating motives on mating standards: A moderated mediation model ［J］. Current Psychology, 41 (4): 1704-1715.

图书在版编目（CIP）数据

性别失衡的社会风险协同治理机制研究／宋瑞霞，
李树茁著 . --北京：社会科学文献出版社，2025.8.
ISBN 978-7-5228-5342-0

Ⅰ.C924.24

中国国家版本馆 CIP 数据核字第 2025AA9104 号

性别失衡的社会风险协同治理机制研究

著　　者／宋瑞霞　李树茁

出 版 人／冀祥德
责任编辑／高　雁
文稿编辑／王　敏
责任印制／岳　阳

出　　版／社会科学文献出版社·经济与管理分社（010）59367226
　　　　　地址：北京市北三环中路甲 29 号院华龙大厦　邮编：100029
　　　　　网址：www.ssap.com.cn
发　　行／社会科学文献出版社（010）59367028
印　　装／三河市尚艺印装有限公司

规　　格／开　本：787mm×1092mm　1/16
　　　　　印　张：14.75　字　数：215 千字
版　　次／2025 年 8 月第 1 版　2025 年 8 月第 1 次印刷
书　　号／ISBN 978-7-5228-5342-0
定　　价／128.00 元

读者服务电话：4008918866